Orison Swett Marden

Die Wunder des richtigen Denkens

Bibliografische Information der Deutschen Nationalbibliothek:
Die Deutsche Nationalbibliothek verzeichnet diese Publikation in der deutschen
Nationalbibliografie; detaillierte bibliografische Daten sind im Internet über
http://dnb.ddb.de abrufbar.

deutsche Erstveröffentlichung: Verlag von J. Engelhorn, Stuttgart 1921
unter dem Titel „Die Wunder des rechten Denkens"

überarbeitete Ausgabe © Abentheuer Verlag digital 2018

aus dem Amerikanischen übersetzt von Dr. Max Christlieb
Lektorat von Karl Ernst Horbol
Covergestaltung von Tibor Horvath

Printed in Germany

ISBN 978-3-945976-16-6

www.abentheuerverlag.de

Orison Swett Marden

Die Wunder des richtigen Denkens

Unsere Sehnsucht
schafft die tönerne Form,
die das Leben dann
in Marmor meißelt.
Nicht, was du
in Worte kleidest, sondern
was du im tiefsten Herzen
denkst,
das ist dein wahrer Glaube.

1. Die göttliche Bürgschaft für unsere Sehnsucht

Was dein Herz erwartet, das baut es sich selbst auf. Die Sehnsucht, die wir im Herzen tragen und die Wünsche, die unsere Seele erfüllen, sind mehr als bloße Luftgebilde der Einbildung oder müßige Träume. Sie sind Weissagungen, Voraussagungen, Vorboten und Vorläufer dessen, was dereinst Wirklichkeit werden kann. Sie sind die Gradmesser dessen, was als Möglichkeit in uns liegt; sie bezeichnen den Anspruch unseres Strebens und die Fülle unserer Kraft.

Was wir mit Ernst ersehnen und mit Eifer erstreben, das ist schon auf dem Weg zur Verwirklichung. Unsere Ideale sind die Umrisse der hinter ihnen stehenden Wirklichkeit, sie sind das Wesen der Dinge, auf die wir hoffen.

Der Bildhauer ist gewiss, dass sein Ideal nicht bloß ein Spiel seiner Einbildungskraft ist, sondern eine Weissagung und Vorahnung dessen, was in Marmor entstehen wird.

Wenn wir anfangen, uns von Herzen nach etwas zu sehnen, dann knüpfen wir schon eine Verbindung damit an, die umso inniger und fester ist, je heißer unsere Sehnsucht und je zielgerichteter unser Eifer ist. Der Fehler, den wir meist begehen, ist nur der, dass wir zu sehr in der stofflichen Welt leben und zu wenig in der idealen. Wir müssen lernen, mit unserem Geist in dem Ideal zu leben, das wir verwirklichen wollen. Wenn wir zum Beispiel jung bleiben wollen, so müssen wir im Geiste das Bild unserer Jugend festhalten. Wenn wir so im Ideal leben, dann verschwinden alle körperlichen, geistigen und sittlichen Unvollkommenheiten. In dieser Welt des Ideals, „wo die reinen Formen wohnen", da ist alles jung und schön, da gibt es kein Alter, keinen Verfall, keine Hässlichkeit. Die Gewohnheit, in dieser Welt zu leben, gibt uns deshalb ein beständiges Bild der Vollkommenheit, nach der wir streben, und stärkt unsere Hoffnung und unseren Glauben, dass wir endlich das Ziel der Vollkommenheit und Göttlichkeit erreichen, denn wir sehen schon die Umrisse der Wirklichkeit, die uns dereinst geschenkt werden muss.

Wenn wir uns daran gewöhnen, die Dinge so zu denken und vorzustellen, wie wir sie haben wollen und wie sie sein sollen, und ebenso energisch uns selbst als etwas Ganzes und Vollständiges zu wollen dann haben wir das Bild dessen, was das Leben verwirklichen wird. Halte beständig vor deinem Geist das Ideal des Menschen, der du werden willst und lass kein Bild von etwas Schwachem oder Minderwertigem aufkommen, das du werden könntest. Verweile niemals bei dem Gedanken an Schwäche oder Fehler, sondern halte das Ideal fest und ringe mit aller Kraft danach – nur so wirst du es verwirklichen.

Es liegt eine unwiderstehliche Kraft in dieser Erwartung, in dem festen Glauben, dass wir unser Ziel erreichen und dass unsere Träume Wahrheit werden. Nichts hebt uns so hoch über alles weg als die zur Gewohnheit gewordene frohe Hoffnung, dass alles gut ausgehen wird, dass wir Erfolg haben werden und dass, was auch kommen mag, nichts unser Glück trüben kann.

Glaube von ganzem Herzen, dass du ausführen wirst, wozu du geschaffen bist. Gib keinen Augenblick dem Zweifel Raum, vertreibe ihn aus deinem Geist, sobald er darin auftaucht. Hege ausschließlich bejahende Gedanken und Ideale, verjage alle Stimmungen der Entmutigung, alle Gedanken an Misserfolg oder Unglück.

Ob du an etwas denkst, das du haben willst oder was du werden willst – immer verhalte dich hoffnungsvoll dazu. Du wirst überrascht sein, wie alle deine Fähigkeiten wachsen und wie du in allem größer und reicher wirst.

Wenn du dich einmal an eine solche bejahende geistige Haltung gewöhnt hast, so wirst du nicht leicht in die entgegengesetzte Gewohnheit zurückfallen. Wenn unsere Kinder lernen wollten, sich diese Gewohnheit zur zweiten Natur zu machen, so würde die ganze Welt verändert und das Leben unermesslich bereichert. Ein so erzogener Geist wäre stets in der Verfassung, mit größter Kraft zu arbeiten und all die tausend Feinde unseres Friedens, unseres Glückes, unserer Leistungsfähigkeit und unseres Erfolges zu besiegen.

Wenn wir etwas beständig in Gedanken bejahen, dann sind wir auf dem Weg, es zu erreichen, auch wenn es zunächst kaum möglich erscheint. Wenn wir das Ideal, das wir in unserem Leben verwirklichen wollen, uns so lebhaft als möglich vor die Augen des Geistes stellen und mit aller Kraft danach streben, dann ist die Wahrscheinlichkeit, dass es sich verwirklicht, viel größer, als wenn wir das nicht tun.

Viele Menschen lassen ihre Sehnsucht allmählich abflauen, weil sie nicht wissen, dass gerade die Stärke und Wärme dieser Sehnsucht unsere Kraft zur Verwirklichung wachsen lässt; ja schon das Bemühen, die Sehnsucht beständig rege zu halten, bringt uns dem Ziel der Verwirklichung näher, und es kommt dabei gar nicht darauf an, wie fern oder wie schwer zu erreichen das Ziel ist. Aber eine allmählich nachlassende Sehnsucht, ein bloßer Wunsch ohne ernstliches Streben – das verschwindet allerdings ohne jede Wirkung.

Die Sehnsucht muss sich zum Entschluss verfestigen, dann ist sie wirksam und arbeitet an ihrer eigenen Verwirklichung. Heiße Sehnsucht und feste Entschlossenheit vereint geben schaffende Kraft.

Wir vermehren oder vermindern unsere Leistungsfähigkeit beständig je nach der Art der Gedanken, Gefühle und Ideale, die uns erfüllen. Wenn wir unser Ideal der Vollkommenheit beständig festhalten könnten, wenn wir immer überzeugt wären, dass auch wir vollkommen werden sollen und können, gleichwie Gott vollkommen ist, dann würde sogar jede Krankheit durch die heilende Kraft dieses Ideals geheilt.

Denke und sage nur solche Dinge, von denen du wünschen kannst, dass sie wirklich wahr werden. Wer sich immerfort herabsetzt, wer immer sagt, er sei müde oder verbraucht, er habe kein Glück und das Schicksal meine es nicht gut mit ihm, er sei arm und werde es bleiben, er komme trotz aller Anstrengung nicht voran – der ahnt nicht, wie er diese düsteren Bilder, statt sie aus seinem Geist zu verjagen, vielmehr immer tiefer auf die Tafel seines Bewusstseins einätzt und dadurch immer mehr dazu beiträgt, dass sie in seinem Leben Wirklichkeit werden.

Du darfst niemals bejahen und zugeben, du seiest krank oder schwach – außer wenn du es wirklich sein willst, denn nur daran zu denken bringt schon die Gefahr, es zu werden. Wir sind das Werk unserer Gedanken. Die Gewohnheit, uns täglich vorzustellen, dass wir nicht bloß eine göttliche Sendung in dieser Welt, sondern auch die Fähigkeit und die Möglichkeit haben, sie auszurichten, gibt uns wunderbares Selbstvertrauen, ständige Ermutigung und erhebende Kraft.

Wenn du in irgendeiner bestimmten Richtung vollkommener werden willst, dann stelle dir die betreffende Eigenschaft so lebhaft und so lange als möglich vor und denke dir ein ganz bestimmtes Ideal. Halte dies beständig im Geiste fest, bis du spürst, wie du ihm näher kommst und es sich allmählich verwirklicht. So wird schließlich der schwache und unvollkommene Mensch, den all deine Fehler, Sünden und Laster aus dir gemacht haben, verschwinden und es wird an seine Stelle der ideale Mensch treten, dein anderes, besseres, göttliches Selbst.

Unsere Ideale sind die stärksten Charakterbildner und haben größten Einfluss auf die Gestaltung unseres Lebens.

Deshalb müssen alle deine Gedanken die Richtung nach aufwärts, nach der Vollkommenheit haben. Fasse den Entschluss, dass du weder im Denken noch im Tun etwas mit Minderwertigkeit zu tun haben willst, dass alles, was du tust, den Stempel der Vortrefflichkeit tragen soll. Das Aufwärtsstreben deines Geistes nach höheren Idealen hebt das ganze Leben auf eine höhere Stufe.

Das menschliche Leben ist so eingerichtet, dass es in vielem auf der Hoffnung ruht, auf dem Glauben, der vorauseilend erschaut, was das leibliche Auge nicht sehen kann. Der Glaube ist das innere Wesen der Dinge, die wir hoffen: das wirkliche Wesen, nicht bloß eine Einbildung. Der Glaube, dass wir etwas erreichen werden, besitzt eine unwiderstehliche Schaffenskraft.

Der ganze Strom deiner Gedanken muss in der Richtung auf das Ziel deines Lebens fließen. Lebe in der festen Überzeugung, dass du beständig fortschreitest, zunimmst und höher steigst, und durchdringe jede Faser deines Wesens mit dieser Zuversicht.

Viele Menschen glauben, es sei gefährlich, sich seiner Einbildungskraft und seinen Träumen hinzugeben und man werde dadurch ungeschickt zum tätigen Leben. Aber diese Anlagen sind ebenso wertvoll wie andere und uns zu einem göttlichen Ziel gegeben, damit wir Wirklichkeiten erblicken können, die uns sonst unsichtbar bleiben: sie gewähren uns die Möglichkeit, in der Welt der Ideale zu leben, auch wenn wir inmitten einer widerwärtigen Wirklichkeit arbeiten müssen. Unsere Fähigkeit, zu träumen, erlaubt uns, einen Blick in die herrliche Wirklichkeit zu werfen, die uns erwartet; sie ist der Beweis dafür, was uns alles möglich ist.

Das Bauen von Luftschlössern sollte nicht als müßiger und wertloser Zeitvertreib verurteilt werden. Wir bauen unsere Schlösser zuerst in Gedanken und gestalten sie mit unserer Einbildungskraft aus; erst dann legen wir die Grundmauern für sie und bauen sie in der Wirklichkeit.

Nicht jeder Traum ist ein Luftschloss. Jedes wirkliche Schloss, jedes Haus, jedes Heim war zuerst ein Luftschloss. Das rechte Träumen ist schöpferisch, es ist der erste Schritt zur Verwirklichung unserer Sehnsucht. Ein Haus kann nicht wirklich werden ohne die Pläne des Baumeisters, es muss zuerst im Geist geschaffen werden, aber der Baumeister erblickt hinter dem Plan schon das wirkliche Haus in all seiner Vollkommenheit und Schönheit.

Die Bilder unserer Träume sind die Pläne unseres Lebensbaues. Aber sie bleiben bloße Pläne, wenn wir nicht die kraftvolle Entschlossenheit haben, sie auszuführen.

Alle Menschen, die Großes geleistet haben, waren Träumer, und was sie ausführten, stand in ganz genauem Verhältnis zu der Lebhaftigkeit, Deutlichkeit und Beständigkeit, mit der sie ihre Ideale vor sich stehen sahen, an ihre Träume glaubten und nach deren Verwirklichung strebten.

Gib deine Träume nicht auf, weil sie noch nicht erfüllt sind und du ihre Erfüllung noch nicht kommen siehst. Halte das fest, was du siehst, und lebe so, dass dein Streben wach bleibt. Lies solche Bücher, die dich strebsam erhalten, gehe mit Menschen um, die das schon vollbracht haben, wonach du erst strebst, und suche das Geheimnis zu ergründen, wie es ihnen gelungen ist.

Das Ideal im Geist so lebendig und so scharf als möglich sehen und festhalten, das ist der Weg dazu, die Wirklichkeit allmählich nach deinem Ideal zu gestalten und deine Träume wahr zu machen.

Ehe du zu Bett gehst, verschaffe dir noch ein paar ruhige Augenblicke und bleibe allein, sitze still und hänge deinen Träumen nach, so viel als dein Herz begehrt. Fürchte dich nicht, zu träumen, denn diese Fähigkeit wurde dir ja nicht gegeben, um deiner zu spotten, sondern hinter ihr steht die Wirklichkeit. Es ist eine göttliche Gabe, die dich das Paradies von weitem erblicken lässt und die dazu bestimmt ist, dich vor Entmutigung bei Fehlschlägen und Enttäuschungen zu bewahren.

Ich denke freilich nicht an ausschweifende Träume, sondern an die rechte, heilige Sehnsucht, die uns dazu verliehen ist, um unser Leben vor Niedrigkeit zu bewahren und uns über die widerwärtige Wirklichkeit in die Welt der Ideale zu erheben. Hinter dieser heiligen Sehnsucht steht die göttliche Wirklichkeit. Sie bezieht sich allerdings nicht auf Dinge, die uns bloß angenehm, aber nicht nötig sind, die zu Asche werden, wenn wir sie genießen, sondern auf die Verwirklichung dessen, was in unseren höchsten Augenblicken vor unserer Seele stand.

„So lang einer nur das Ideal eines Lumpensammlers hat, wird er auch ein Lumpensammler bleiben.“

Diese Haltung unseres Geistes, diese Sehnsucht unseres Herzens ist ein beständiges Gebet, und die Natur erhört es. Denn in dieser beständigen Sammlung unseres Geistes auf einen Punkt liegt eine unwiderstehliche schaffende Kraft. Unsere Fähigkeiten werden dadurch fortwährend frisch erhalten und gestärkt. Denn die Gedanken gleichen Wurzeln, die wir in den fruchtbaren Boden der allgemeinen Energie einsenken und die alles anziehen und aufsaugen, was zur Erfüllung unserer Sehnsucht dient.

Wenn wir den Trieb und die Sehnsucht haben nach einem Leben, in dem wir all unsere gottgegebenen Kräfte frei entfalten dürfen, wenn wir fühlen, wie sinnlos es ist, dass so viele abgerufen werden, ehe sie Zeit hatten zu reisen – so ist dies alles ein Beweis, dass es eine Wirklichkeit gibt für die Erfüllung unserer Sehnsucht, die alle unsere Gedanken übersteigt.

Der Trieb zur Vollkommenheit, der in uns gelegt ist, kann uns nicht täuschen, sondern ist ein Beweis, dass wir auch vollkommen werden können.

Der Wandervogel hat den Trieb, nach Süden zu ziehen, nur weil es einen wirklichen Süden gibt. Schön und trostvoll sagt uns Hebbel, was wir hoffen dürfen:

> „Sag an, o lieber Vogel mein,
> sag an, wohin die Reise dein?"
> „Weiß nicht, wohin
> mich treibt der Sinn,
> drum muss der Pfad wohl richtig sein!"
>
> „Sag an, o liebster Vogel, mir,
> sag, was verspricht die Hoffnung dir?"
> „Ach, linde Luft
> und süßen Duft
> und neuen Lenz verspricht sie mir!"
>
> „Du hast die schöne Ferne nie
> gesehen und du glaubst an sie?"
> „Du fragst mich viel
> und das ist Spiel,
> die Antwort aber macht mir Müh!"
>
> Nun zog mit gläubig frommem Sinn
> der Vogel übers Meer dahin,
> und linde Luft
> und süßer Duft,
> sie wurden wirklich sein Gewinn!

Wer immerfort
das Bild der Armut
im Geiste hegt, der
bleibt auch immer
in armseligen Umständen.

2. Glück und Erfolg sind auch für dich bestimmt

Wenn ein Mensch in solchen Umständen ist, dass ihm jedes Streben verkümmert wird und ihm die Gefahr droht, beständig arm zu bleiben, dann darf er, wenn er überhaupt noch eines selbstständigen Handelns fähig ist, auf keinen Fall in diesen Umständen ausharren; seine Selbstachtung verlangt gebieterisch, dass er sich frei macht. Es sollte seine Pflicht sein, sich die Würde und Unabhängigkeit zu erobern, die es ihm ermöglichen, auch ohne Unterstützung von Freunden Notfälle zu überstehen und denen, für die er zu sorgen hat, jeden Mangel zu ersparen.

Wohl jeder reiche Mann wird dir erzählen können, dass er das Gefühl des Glückes und der inneren Genugtuung am stärksten in jenen Zeiten empfunden habe, wo er aus ärmlichen Umständen in bessere aufzusteigen begann, wo er spüren durfte, wie die Bächlein seiner kleinen Ersparnisse zum Strom des Reichtums zusammenzufließen begannen und dass von jetzt ab der Mangel seine Schritte nicht mehr hemmen würde. Damals fühlte er die Kraft in sich, emporzusteigen, etwas in der Welt zu bedeuten und seinen Kindern eine bessere Ausbildung für ihre Laufbahn mitzugeben, als er seinerzeit mitbekommen hatte.

Es fehlt nicht an sicheren Anzeichen dafür, dass wir zu großen und hohen Dingen bestimmt sind, dass Überfluss und nicht Mangel unser Los sein soll. Mangel und Armut passen nicht zu dem göttlichen Wesen des Menschen. Der Fehler liegt darin, dass wir längst nicht genug Glauben haben an das Gute, das für uns bestimmt ist. Wir wagen gar nicht, es uns von ganzem Herzen zu wünschen, uns von unserem göttlichen Hunger leiten zu lassen und schrankenlos um den Überfluss zu bitten, der ja unser rechtmäßiges Erbe ist. Wir bitten nur um wenig und erwarten nur wenig, und so lassen wir den Überfluss gar nicht erst zu uns herein, weil wir selbst unseren Geist klein und eng machen.

Die göttliche Macht, die uns geschaffen hat und erhält, gibt jedem großzügig, schrankenlos und im Überfluss. Unser Schöpfer wird nicht arm, wenn er unsere Bitten gewährt, es gehört zu seinem Wesen, uns zu überschütten mit dem, was unser Herz wünscht; er ist wie die Sonne, die ihre Strahlen nach allen Seiten aussendet und jedem Ding Licht und Wärme spendet. Das Licht verliert nichts, wenn ein anderes an ihm angezündet wird; wir selbst verlieren ja auch unsere Liebesfähigkeit nicht, wenn wir Anderen Liebe schenken, sondern wir vermehren sie.

Es ist eines der großen Geheimnisse des Lebens, wie wir den vollen Strom der göttlichen Kraft auf uns hinleiten und wirksam ausnutzen können. Wer das Gesetz der göttlichen Kraftübertragung kennt, der vertausendfacht die eigene Kraft und wird ein Mitarbeiter und Mitschöpfer Gottes.

Wenn wir erkennen, dass alles aus der großen Quelle des Unendlichen ausströmt und frei auf uns überströmt, wenn wir in volle Harmonie mit dem Unendlichen kommen, wenn das Tierische an uns überwunden und die Schlacken der Unaufrichtigkeit, Selbstsucht und Unreinheit ausgeglüht sind, dann erst sehen wir Gott und das Gute, denn nur wer reinen Herzens ist, kann Gott schauen. Wenn jede Ungerechtigkeit, jeder Trieb nach Übervorteilung unseres Nächsten aus unserem Leben verschwunden ist, dann werden wir Gott so nahe kommen, dass alles Gute im Weltall von selbst zu uns kommt.

Aber wir müssen uns hüten, dass wir diesen Strom nicht durch üble Gedanken und Taten hemmen. Jede böse Tat ist ein Schleier, der sich vor unsere Augen legt und uns hindert, Gott und das Gute zu sehen; jeder unrechte Schritt führt uns von Gott weg.

Wenn wir unseren Blick und unser Denken nicht mehr selber durch Schranken einengen, dann werden wir sehen, wie das, was wir suchen, uns schon selber sucht und uns auf halbem Weg entgegenkommt.

Du darfst niemals sagen, dass dir dies oder jenes fehlt, sonst drückst du dir das Bild des Mangels nur immer tiefer in den Geist. So lange du von unangenehmen Dingen sprichst und mit deinen Gedanken bei ihnen weilst, so lange kannst du das Angenehme nicht bekommen, das du dir wünschst. Die Haltung des Geistes und seine Vorstellungen müssen mit der Wirklichkeit übereinstimmen, die wir zu erleben wünschen.

Auch der Reichtum nimmt seinen Anfang im Geist, und es ist unmöglich, ihn zu erreichen mit einer Haltung des Geistes, die ihm entgegengesetzt ist. Man kann nicht zugleich mit einer Sache innerlich beschäftigt sein und eine andere wünschen und erwarten. Reichtum und Wohlergehen kann nicht durch die Kanäle eindringen, die von Gedanken an Armut und Unglück verstopft sind.

Viele Menschen bilden sich ein, die guten und angenehmen Dinge, die es in der Welt gibt, seien nicht für sie, sondern für Menschen einer ganz anderen Klasse da. Aber, so frage ich, warum bist du in einer anderen Klasse? Bloß weil du dich hineindenkst, weil du selber Schranken zwischen dir und dem Glück aufrichtest. Du schließt den Überfluss von dir aus, weil du deinen Geist vor ihm verschließt. Aber welches Gesetz soll dir zu dem verhelfen, von dem du selbst glaubst, dass du es nicht erreichen wirst?

Die Schranke liegt in dir selber, nicht beim Schöpfer; er will, dass allen Menschen geholfen wird und alle Überfluss an den guten Dingen haben, die er für sie geschaffen hat.

Der Glaube an die Notwendigkeit der Armut ist fast der schlimmste Fluch der Welt. Die meisten Menschen sind der

Überzeugung, dass eine bestimmte Zahl arm sein muss und zum Armsein bestimmt ist. Aber im Plan des Schöpfers für den Menschen lagen keine Armut und kein Mangel. Auf dieser Erde braucht kein einziger Mensch arm zu sein; sie hat unendlich viele Hilfsquellen, von denen wir erst die wenigsten kennen. Wir sind arm mitten im Überfluss, denn unsere Gedanken haben uns geblendet.

Wir sind jetzt endlich so weit, zu entdecken, dass Gedanken Kräfte sind; wenn wir Furchtgedanken und Mangelgedanken hegen, verkörpern sich diese im Gewebe unseres Lebens und machen uns zu einem Magneten, der Ihresgleichen anzieht.

Es ist nicht unsere Bestimmung, dass wir alle unsere Zeit zu unserem Lebensunterhalt verbrauchen und keine mehr zum Leben übrig behalten. Ein Leben in vollem Überfluss, in Fülle, Freiheit und Schönheit – das ist unsere Bestimmung.

Wenn alles so wäre, wie es sein soll, so dürfte der Lebensunterhalt nur eine ganz geringe Rolle in unserem Leben spielen. Das eigentliche Ziel, dem die Menschheit nachstrebt, wäre dann die Entwicklung eines stolzen und herrlichen Menschen; nicht mehr Geld machen, sondern Menschen bilden wäre das Ideal.

Kehre dem Armutsgedanken entschlossen den Rücken und erwarte ganz bestimmt, dass es dir wohl ergehen wird. Halte den Gedanken an Überfluss beständig fest – das hilft dir zu dem, was du wünschst, denn die starke Sehnsucht besitzt schöpferische Kraft.

Wir leben in der Welt, die wir mit unseren Gedanken erschaffen, und so kann jeder sich mit einem Dunstkreis von Überfluss oder von Mangel umgeben.

Gottes Kinder sind nicht geschaffen, den Blick am Boden haften zu lassen, sondern kühn gen Himmel zu blicken. Nichts ist zu gut für die Kinder des Friedefürsten, nichts zu groß, zu hoch oder zu schön für uns Menschen. Nur der Armutsgedanke hat uns arm gemacht. Wir müssen eine höhere und reichere Vorstellung vom Leben hegen, wir müssen unser Königreich beanspruchen und unser reiches Erbe verlangen – dann wird unser Leben auch größer und reicher sein. Der Mensch ist zu unendlich Höherem geschaffen, als das ist, was heute die Glücklichsten erreicht haben.

Warum sollten wir nicht das Höchste erwarten, wenn wir doch zu Gottes Ebenbild und zu Gottes Kindern geschaffen sind? Wir sind Erben alles dessen, was sein ist. Es muss doch etwas nicht in Ordnung sein, wenn so viele Söhne und Töchter des Königs der Könige am Ufer des Stroms der Fülle darben, der vor ihrer Türe vorbeifließt und der ja alles mit sich führt, was sie brauchen.

Die Umstände unseres Lebens, unsere Armut oder unser Reichtum, unser Besitz oder Mangel an Freunden, alles ist zum größten Teil das Werk unserer Gedanken. Alles, was wir im Leben bekommen, geht durch die Tore unseres Geistes, und seine Fülle hängt davon ab, ob sie offen stehen.

Wenn du mit deinen Lebensumständen nicht zufrieden bist, wenn du findest, dass das Leben hart und das Schicksal grausam gegen dich war, wenn du über dein Los jammerst, dann wirst du bei gründlicher Überlegung erkennen, dass du niemand einen Vorwurf machen darfst als dir selber, denn alles ist nur das Ergebnis deiner eigenen Gedanken.

Rechtes Denken schafft rechtes Leben, reines Denken schafft reines Leben. Der Gedanke an Glück und Wohlergehen, begleitet von verständiger Arbeit an seiner Verwirklichung, schafft Glück und Wohlergehen.

Wir müssen lernen, dem großen Geber aller guten Gaben unbedingt zu vertrauen, dem Gott, der Saat und Ernte schafft, der alle seine Geschöpfe ernährt, der uns nicht für den nächsten Tag sorgen, sondern die Lilien anzuschauen gemahnt, wie sie wachsen. Wir müssen zu dieser unendlichen Quelle alles Guten im selben Verhältnis stehen lernen wie ein Kind zu seinem Vater, das alles hinnimmt in dem felsenfesten Vertrauen, dass alle seine Bedürfnisse befriedigt werden und dass genug da ist.

Wir denken nicht halb so gut von unseren Möglichkeiten, als wir es dürften, wir erwarten lange nicht genug von uns selbst und wir erbitten viel zu wenig – deshalb bekommen wir auch so wenig. Es ist unsere Bestimmung, im Überfluss zu leben, und nach Gottes Willen soll keiner arm und unglücklich sein.

Halte stets den Gedanken fest, dass du mit dem, was du dir wünschst, im Einklang bist und es anziehst, richte deinen Geist auf den Punkt, den du zu erreichen wünschst, zweifle nicht, dass du ihn erreichen kannst – und du bist schon auf dem Weg zu ihm.

Die Armut ist oft eine Krankheit des Geistes. Wenn du unter ihr leidest, so ändere deine geistige Haltung, blicke im Geist auf Überfluss, Fülle, Freiheit und Glück, und du wirst mit Staunen sehen, wie alles sich zum Besten wendet.

Der Erfolg kommt auf durch und durch gesetzmäßigem Weg. Der Mann, dem es gut geht, der hat geglaubt, dass es ihm gut gehen wird. Er hat Selbstvertrauen, sein Geist ist frei von Furcht und Zweifel, von Gedanken an Armut und Mangel, er hält die Richtung nach dem, was er begehrt, und lässt das Bild des Entgegengesetzten gar nicht aufkommen.

Tausende von Armen sind halb und halb damit einverstanden, dass sie arm bleiben; sie machen gar keine ernstlichen Anstrengungen mehr, um aus ihrer Lage herauszukommen, und wenn sie noch darum kämpfen, so tun sie es ohne Hoffnung.

Viele Menschen werden arm, weil sie die Furcht vor der Armut nicht loswerden können und so das Bild der Armut immer im Sinn tragen. So werden auch die Kinder in manchen Familien geradezu erfüllt mit Bildern von Armut und Mangel; jedermann spricht davon und jedermann lässt diese Bilder in ihrem Geist entstehen. Ist es da ein Wunder, wenn diese Kinder in ihrem späteren Leben dieselbe Armut wiederholen?

Hast du schon darüber nachgedacht, dass deine beständige Sorge und Furcht, du möchtest arm werden, dir nicht bloß das Glück raubt, sondern auch die Kraft, es zu schaffen? Du machst deine ohnehin schon zu schwere Last auf diese Weise noch schwerer.

Wie trübe auch deine Aussichten, wie bedrückend auch deine Verhältnisse sind, weigere dich bestimmt, das Unangenehme und Ungünstige, das dich niederdrücken will, zu sehen. Wie kannst du erwarten, dass der Gedanke an Armut Reichtum schafft? Deine Umstände entsprechen immer deinen Gedanken.

Stell dir einmal vor, ein junger Mann wolle ein Rechtsanwalt werden, habe aber die Überzeugung, er werde an keinem Gericht zugelassen oder doch jedenfalls nie ein ordentlicher Anwalt werden. Das kann ja nur misslingen! Was wir erwarten, das kommt, und wenn wir nichts erwarten, so kommt auch nichts. Der Strom kann an keinem Punkt höher liegen als seine Quelle; Niemandem kann es gut gehen, der stets ganz oder halb erwartet, es werde ihm schlecht gehen.

Der Mann, der gewinnen wird, der beginnt seine Laufbahn schon mit der festen Überzeugung, dass er gewinnt.

Jeder Mensch soll sein Haupt hoch tragen und sein Antlitz nach der Sonne der Hoffnung und des Glückes wenden. Erfolg und Glück sind das unveräußerliche Recht eines jeden menschlichen Wesens.

Jedes Gelingen hat seinen Ursprung im Geist, jeder Bau ist zuerst ein geistiger Bau. Das Haus wird zuerst im Geist des Baumeisters fertig, und der Bauunternehmer häuft bloß Steine, Mörtel und andere Stoffe um den Gedanken herum. Wir alle sind Baumeister; was wir auch ausführen, stets geht erst ein Gedanke voraus.

Ebenso muss auch der Gedanke an Wohlergehen und Reichtum zuerst da sein, dann ist es verhältnismäßig leicht, das Gebäude wirklichen Reichtums darum herumzubauen. Der Mann, der eine gute Idee mit Wirklichkeit umkleiden soll, braucht nicht so begabt zu sein wie der, der die Idee erst erzeugt. Solche Gedanken sind nicht müßige Träume, sondern es ist ein wirklich geistiges Bauen, was hier geschieht; der rechte Träumer ist auch der Mann, der seine Träume verwirklicht.

Wir müssen ein neues Ideal des Überflusses aufrichten, indem wir Gott als die große Quelle alles Guten und aller Güter denken, mit der wir nur in innigem Zusammenhang, in wirklicher Einheit zu bleiben brauchen, damit der Überfluss auch zu uns überfließt und wir nie mehr etwas von Mangel erfahren.

Der wirklich arme Mensch ist nicht der, dem es an Besitz fehlt, sondern von dessen Geist die Armut Besitz ergriffen hat, so dass er glaubt, Armsein sei seine Bestimmung und er könne nie mehr in die Höhe kommen. Ein solcher Mensch begeht das Verbrechen der Selbstunterschätzung.

Menschen wie Pierpont Morgan, Carnegie oder Rockefeller schaffen erst im Geist die Bilder der Verhältnisse und Umstände, aus denen ihr Reichtum stammt. Sie arbeiteten viel mehr mit dem Geist als mit der Hand, sie sind Wirklichkeitsträumer, ihr Geist reicht bis in das unendliche Meer der Energie hinein und verwirklicht das, was ihre Einbildungskraft erdacht hat.

Unser Fortschritt vollzieht sich stets auf den Punkt hin, auf den wir unsere Geisteskraft konzentriert haben. Wenn dieser Punkt die Armut ist, wenn der Gedanke der Armut unseren Geist erfüllt und beherrscht, so kann die Wirklichkeit nichts anderes bringen als eben Armut.

Wir müssen die Armut erst in unserem Innern besiegen, ehe wir draußen in der Wirklichkeit mit ihr fertig werden.

Unter Überfluss und Reichtum verstehe ich hier immer den Besitz von allem, was gut ist für uns, von allem Schönen, Erhebenden und Begeisternden und von alledem, was unsere Persönlichkeit, unser Leben und unsere Erfahrungen bereichert.

Das wahre Wohlergehen besteht im Bewusstsein inneren Reichtums und innerlicher Fülle, im Gefühl der Einheit mit der Quelle allen Lebens, im Reichtum des Charakters und der Persönlichkeit, den kein Unglück vernichten kann.

Wenn jeder Schritt,
den du tust,
dich näher
zum Fehlschlag bringt,
wie kannst du hoffen,
ans Ziel des Erfolgs
zu gelangen?

3. Ein Ding wünschen und ein anderes fürchten

Bei den meisten Menschen hat der Blick, mit dem sie das Leben ansehen, eine falsche Richtung. Sie hindern einen großen Teil ihrer Kraft selber an der Betätigung, weil die Richtung ihres Geistes nicht mit ihren eigentlichen Absichten übereinstimmt; denn während sie daran arbeiten, etwas Bestimmtes zu erreichen, erwarten sie im Geiste das Eintreffen von etwas ganz Anderem, und so stoßen sie gerade das von sich weg, was sie sich eigentlich wünschen, weil sie ihren Geist nicht richtig darauf einstellen. Sie gehen nicht in der richtigen geistigen Verfassung an ihre Arbeit, denn es fehlt ihnen die Siegesgewissheit, die den Erfolg anzieht und herbeizwingt, die Entschlossenheit und das Selbstvertrauen, die keinen Misserfolg anerkennen.

Wenn du dir wünschst, reich zu werden, und dabei unaufhörlich fürchtest, dass du arm wirst, wenn du beständig Zweifel in deine Fähigkeiten setzt und dir einbildest, du erreichst das doch nicht, was du erreichen möchtest, dann ist der Erfolg gerade so sicher, wie dass du nach Osten gelangen wirst, wenn du in westlicher Richtung vorwärts gehst.

Wer Erfolg haben will, der muss den Erfolg in Gedanken vorausnehmen. Seine Gedanken müssen fortschreitend, erfinderisch, schöpferisch, aufbauend und vor allem auch hoffnungsfroh sein. Wirklich vorwärts kommst du nur in diejenige Richtung, in die dein Geist gerichtet ist.

Es gibt ein Sprichwort: So oft das Schaf blökt, versäumt es ein Maul voll Gras. So geht es auch dir: So oft du über dein Schicksal klagst, bereitest du dir nur selber Schwierigkeiten und machst es dir dadurch schwerer, die Hindernisse deiner Zufriedenheit und des Glücks zu überwinden, denn jeder Gedanke an sie drückt ihr Bild deinem Bewusstsein tiefer ein.

Der Gedanke ist ein Magnet, der stets seinesgleichen anzieht. Wenn deine Gedanken sich mit Armut und Krankheit beschäftigen, so ziehen sie Armut und Krankheit an dich heran. Du kannst nicht das Gegenteil von dem schaffen, was du im Sinn hast, denn die Haltung deines Geistes gibt das Muster ab, nach dem dein Leben gewoben wird. Wie eifrig du auch schaffst, um Erfolg zu haben – wenn dein Geist ganz erfüllt ist von der Furcht vor Misserfolg, so lähmt das alle deine Anstrengungen und macht jeden Erfolg unmöglich.

Die Furcht, es möchte ihnen schlecht ergehen, verhindert Tausende, das zu erreichen, was sie wünschen, indem sie ihnen die Kraft zu jedem schöpferischen Tun raubt.

Die Gewohnheit, alles mit aufbauendem Blick anzusehen, nicht mit Zweifel und Unsicherheit, sondern mit Zuversicht und Glauben, die Überzeugung, dass das Beste kommen und das Rechte siegen muss, die Zuversicht, dass das Wahre immer über das Falsche Herr werden muss, dass Einklang und Wohlsein das allein Wirkliche und Missklang und Krankheit bloß vorübergehende Störungen sind – das ist die geistige Haltung des hoffnungsfreudigen Menschen, die schließlich die Welt erneuern wird.

Hoffnungsfreudigkeit ist schöpferisch und aufbauend. Sie ist für den einzelnen, was die Sonne für die Erde ist; wohin sie reicht, ist Leben, Wachstum und Schönheit. Was in unserem Geist angelegt ist, keimt und wächst in ihrem Licht wie die Pflanzen im Sonnenschein. Die Schwarzseherei dagegen ist verneinend und zerstörend. Wer immer nur Unheil erwartet, wer immer nur das Schlechte und Widerwärtige sieht, der lädt eine schwere Strafe auf sich; er zieht eben das an sich heran, was er zu sehen sich einbildet.

Alles kann nur seinesgleichen anziehen. Du musst aufhören, an Unheil zu denken, wenn du das Gegenteil herbeiziehen willst. Du darfst mit dem, was du fürchtest, auch in Gedanken nichts zu tun haben. Verbanne jeden Gedanken daran aus deinem Geist, vergiss ihn ganz und gar, denke so energisch du kannst an das Gegenteil, und du wirst mit Staunen sehen, wie bald du nun die guten Dinge herbeiziehen wirst, die du im Herzen ersehnst. Von der Haltung des Geistes, mit der du dich an die Arbeit machst, die es kostet, dein Ziel zu erreichen, hängt es ab, ob etwas dabei herauskommt. Wenn du sie mit sklavischem Sinn tust, als bloßes unangenehmes „Muss", wenn du dabei nicht von froher Hoffnung auf Gelingen und Erfolg erfüllt bist, wenn du nichts vor dir siehst als Armut und schwere Arbeit, dann kannst du auch nicht erwarten, dass etwas anderes eintrifft, als was du eben denkst. Wenn du aber auch in schweren Stunden auf eine frohe Zukunft hinausblickst, wenn du überzeugt bist, dass du eines Tages die jetzt vielleicht niedrige und grobe Arbeit aufgeben und in bessere Umstände kommen wirst, wo Schönheit und Freude dich erwarten, wenn dein Blick fest aufs Ziel gerichtet bleibt und du dir dann sagst, dass du die Fähigkeit und die Kraft hast, es zu erreichen, dann wird es dir auch gelingen. Ich habe noch immer gesehen, dass der Mensch es zu etwas Rechtem bringt, der an seine Fähigkeit glaubt, das Begonnene durchzuführen und standhaft kämpft, es zu erreichen.

Versuche, deinen Geist stets in bejahender, aufbauender Haltung zu bewahren und gib dem Zweifel keinen Raum, so als ob du das nicht ausführen könntest, was du angefangen hast; dieser Zweifel ist ein verräterischer Feind, der deine schöpferischen Fähigkeiten vernichtet und dein Bestreben lähmt. Sage stets zu dir selbst: „Ich muss das haben, was ich brauche, es ist mein Recht und ich werde es besitzen."

Es liegt eine magnetische Kraft darin, wenn du beständig den Gedanken in deinem Geist festhältst, dass Erfolg, Gesundheit und Glück für dich bestimmt sind und dass nichts in der Welt dich davon abhalten kann, dies zu erreichen, wenn du es nicht selber tust. Mache es dir zur Gewohnheit, den Glauben an den endlichen Sieg beständig zu bejahen und ihn dauernd und kraftvoll festzuhalten – dann werden die Dinge von selbst herbeikommen, nach denen du dich sehnst.

Der Mensch ist nicht dazu bestimmt, der Spielball der Umstände und der Sklave seiner Umgebung zu sein; er ist vielmehr dazu da, die Umstände und Verhältnisse zu schaffen, die ihn dann vorwärtsbringen sollen.

Nichts, was uns trifft, geschieht ohne Ursache – aber diese Ursache ist immer geistiger Natur. Die Haltung unsres Geistes schafft die Bedingungen unserer Erfolge oder Misserfolge; ob bei unsrer Arbeit etwas herauskommt, das hängt davon ab, wie unsere Gedanken beschaffen sind. Um etwas Gutes leisten zu können, muss unser Geist in bejahender und schöpferischer Haltung verharren. Sorge, Trübsinn und Verzweiflung machen den Geist verneinend und schaffen ein ganzes Heer von Feinden, die uns den Weg zu Glück und Erfolg versperren.

Unsere geistigen Fähigkeiten sind wie Dienstboten; sie leisten genau das, was man ihnen zutraut. Wenn wir Vertrauen zu ihnen haben und uns auf sie verlassen, so tun sie ihr Bestes für uns. Wenn wir ihnen nichts zutrauen, so leisten sie auch nichts.

Menschen, die ein verneinendes Wesen haben, warten stets ab, bis irgendetwas sich ereignet, weil sie das Gefühl haben, sie könnten doch nichts dazu tun, die bestehenden Umstände zu ändern. Aber nur die Menschen mit bejahendem und aufbauendem Geist haben alles Große in der Welt geleistet; sie schaffen die Bedingungen, unter denen dann die Dinge sich ereignen müssen.

Ein Mensch mit bejahendem Geist muss sich sehr in acht nehmen, dass er nicht durch Einflüsse, die sein Selbstvertrauen vernichten, verneinend gemacht wird. Dies geschieht vielleicht dadurch, dass ein anderer Zweifel in ihm erweckt, ob er denn auch seiner Aufgabe gewachsen sei. Wenn diese Zweifel erst bei ihm Fuß fassen, wird seine Entschlusskraft schwächer, er geht nicht mehr so frisch und so keck an die Dinge heran wie vorher, verliert die Fähigkeit zu schnellem Entschließen und getraut sich schließlich überhaupt keinen selbstständigen Entschluss mehr, er wird schwankend, wo er vorher fest gewesen war, und wo er früher führte, da folgt er jetzt.

Wenn wir kraftvoll entschlossen sind, etwas zu tun und an den Erfolg unsres Tuns von ganzem Herzen glauben, dann arbeitet unser ganzer Geist rascher und kräftiger und alle seine Kräfte wirken zusammen in der Richtung auf die Ausführung dessen, was wir uns vorgenommen haben.

Es lebt eine geheimnisvolle Kraft in unserm Innern, die wir nicht erklären können, von der wir aber das deutliche Gefühl haben, dass sie da ist und dass sie bei allem mitwirkt, was wir mit Ernst und Zuversicht tun.

Aufbauendes Denken ist gleichbedeutend mit Gesundheit und Gedeihen, verneinendes Denken mit Verzagtheit, Krankheit und Leiden aller Art. Das große Heer der Erfolglosen und Gescheiterten besteht aus lauter Menschen, deren Denken verneinend ist, während Menschen, die an der Spitze des Fortschrittes marschieren, stets bejahende und aufbauende Denker sind.

Eine stark bejahende Haltung des Geistes ist der beste Selbstschutz, den es gibt. Wenn unser Geist in verneinendem Zustand ist, dann sagen wir „Ja" zu Dingen und Gedanken, zu denen wir in bejahendem und gesundem Zustand sicher „Nein" gesagt hätten. Ein verneinender Geist ist nicht in der Lage, einen wichtigen Schritt zu tun, um etwas Unangenehmes nur für den Augenblick loszuwerden und dafür irgendeinen bequemen Zustand einzutauschen. Wenn aber bejahende Gedanken unseren Geist erfüllen, dann finden verneinende, mutlose und kranke Gedanken keinen Zugang und können uns zu keinem falschen Schritt verführen. Nur solange wir verneinend sind, können niedergeschlagene Stimmungen über uns mächtig werden.

Unsere Leistungsfähigkeit hängt davon ab, wie stark wir unsere gedanklichen Kräfte im Zügel halten. Bei vielen Menschen ist es auf diesem Gebiet so schwach bestellt, dass sie nicht imstande sind, ihren Geist mit genügender Kraft auf einen Punkt zu sammeln, und deshalb auch nichts Rechtes leisten.

Wenn wir mit anderen Menschen zusammentreffen, so spüren wir doch sofort, ob seine Gedankenkraft aufbauend oder schwach ist; jeder Satz, den er spricht, zeigt das.

Der bejahende Mensch ist der starke Mensch. Manche sind in so hohem Grad bejahend und aufbauend und haben eine so durchschlagende Kraft in sich, dass gewöhnliche Menschen sich ihnen ganz unwillkürlich unterordnen. Einem solchen macht alle Welt Platz; er strahlt Kraft aus, er ist der geborene Anführer, seine Worte haben die Kraft der Überzeugung. Die anderen denken gar nicht darüber nach, warum sie ihm folgen – sie tun es unwillkürlich.

Die wertvollste Kunst, die einer beherrschen kann, ist die, sein Leben zu einem fortwährenden Siegeszug zu gestalten, und dies ist gar nicht so schwierig, wenn wir uns nur richtig dazu vorbereiten. Ohne das ist unser Geist oft und lange in verneinender, unschöpferischer Verfassung, und statt dass er die Dinge beeinflusst, wirken sie auf ihn.

Wichtiger als alles Latein und Griechisch, wichtiger als jede Philosophie wäre es für jeden jungen Menschen, der die Schule verlässt, wenn er es verstünde, seinen Geist immer auf der höchsten, leistungsfähigsten Stufe der Kraft zu halten, indem er ihn bejahend erhält und alles vermeidet, was ihn verneinend und unschöpferisch machen könnte.

Bejahende Gedanken wirken aufbauend, und das ist die wichtigste unter allen geistigen Eigenschaften. Wenn dein Geist dazu neigt, verneinend zu werden, wenn es dir an Entschlusskraft fehlt, so kannst du deine Fähigkeit zum „Aufbauen" ungemein stärken, wenn du dir angewöhnst, die bejahende und schöpferische Haltung allen Dingen und Ereignissen gegenüber zu bewahren. Eine bedeutende Hilfe ist es auch, wenn du beständig bejahst, dass du der Mensch bist, der du sein möchtest; nicht dass du hoffst, es zu werden, sondern dass du es jetzt wirklich schon bist. Sehr rasch wird sich die Eigenschaft, die du haben willst, wirklich einstellen und sich in deinem Wesen ausprägen.

Der Webstuhl unseres Geistes nimmt jedes Muster auf, das wir ihm geben, und setzt es in Wirklichkeit um. Was für prächtige Menschen könnten da gebildet werden, wenn jeder das Muster, das er im Gewebe seines Lebens verwirklichen möchte, sich beständig im Geist vor Augen hielte. So entstünde schließlich das Muster des vollkommenen Menschen, des Menschen, wie ihn Gott gewollt hat.

Was wir dazu tun müssen, besteht darin, dass wir die wesentlichen und wünschenswerten Eigenschaften immer im Vordergrund unseres Bewusstseins halten und die entgegengesetzten daraus verbannen. Sobald die aufbauende Tätigkeit in der Pflanze aufhört, wie sie in den chemischen Kräften des Bodens, in der Luft, im Sonnenschein und Regen wirkt, setzen sofort die schädlichen Kräfte ein und bewirken Verfall und Zerstörung. Ebenso ist es beim Menschen; sobald die aufbauenden und schöpferischen Kräfte nicht mehr die Führung haben, sobald das Vertrauen auf sie nachlässt, beginnen die herabziehenden und zerstörenden Kräfte ihre Arbeit.

Die rechte geistige Haltung schützt uns am stärksten vor üblen Einflüssen, wie sie auf unser Unterbewusstsein fortwährend wirksam sind. Wenn du in einer schlechten Umgebung leben und viel Schlechtes hören und sehen musst, so verneine fortwährend ihre Kraft, auf dich einzuwirken – das ist die beste Gegenwirkung, die du ausüben kannst. Versuche so viel als möglich mit guten Dingen in Umgang zu kommen. Wenn aber dein Geist das Schlechte aufnimmt und sich daran freut, dann wird er dich auch zum Schlechten beeinflussen.

Es kommt alles darauf an, dass man den Geist ganz mit dem Ziel erfüllt, nach dem man strebt, bis er es gewohnheitsmäßig festhält und alle Ströme und Kräfte des Lebens in die Richtung nach diesem Ziel leitet. Alle Gegenströme aber müssen wir aufheben, Hass, Neid, Missgunst, Bitterkeit, Rachsucht, Bosheit, denn sie zerstören unsere Energie und halten unser Fortschreiten auf. Jeder Missklang stört die Schwingungen, auf denen unsere Kraft beruht: wir brauchen Harmonie, Friede und Freiheit im Denken, wenn wir etwas leisten sollen; alle Schwingungen des Gedankens müssen schöpferisch sein und keine darf zerstörend wirken. Die Schwingungen, in denen Mut, Vertrauen und Entschlossenheit sich ausdrücken, das sind die elektrischen Ströme, die uns zu dem Magneten machen, der den Erfolg herbeizieht.

Viele Menschen, denen nichts gelingt, hätten Erfolg, wenn sie die Gedanken an Misserfolg verbannen könnten. Er ist eine wertvolle Kunst, zu lernen, wie man den Geist von allem Schädlichen, von Furcht, Ängstlichkeit und allem, was ihn hemmt, reinigen kann, um ihn dafür mit kraft- und hoffnungsvollen, erhebenden Gedanken zu erfüllen, durch die er in die schöpferische Haltung gebracht wird.

Wir strahlen ständig auch unsere geistige Haltung, unsere Hoffnungen und Befürchtungen aus, und von dem Eindruck, den wir dadurch erzeugen, sowie von der Einschätzung, die Andere sich von uns bilden, hängt es in hohem Grad ab, ob wir Erfolg haben oder nicht. Wenn Andere kein Vertrauen zu uns haben, wenn sie uns für schwach und zaghaft halten, weil unsere geistige Ausstrahlung verneinend, schwach und zaghaft ist, dann wird man uns schwerlich wichtige und verantwortungsvolle Stellungen anvertrauen.

Alles kommt darauf an, dass wir Selbstvertrauen, Mut und Furchtlosigkeit ausstrahlen und den Eindruck machen, dass wir gewohnt sind, alle Schwierigkeiten zu besiegen. Wenn die Anderen von uns diesen Eindruck gewinnen, so trauen sie uns auch zu, dass wir in Zukunft Erfolg haben werden.

Mit anderen Worten, es ist fast ebenso wichtig, dass wir Andere dazu bringen, an uns zu glauben, wie dass wir selber an uns glauben; aber um das fertig zu bringen, muss überzeugendes Selbstvertrauen von uns ausstrahlen.

Vergleiche nur einmal den Einfluss eines Mannes wie Theodor Roosevelt, der überall Kraft ausstrahlt und den Eindruck überlegener Stärke macht, mit dem eines zaghaften und selbst nicht an sich glaubenden Menschen, der nichts als Schwäche und Mutlosigkeit ausstrahlt. Die Welt liebt solche Männer, die den Eindruck machen, dass sie gewohnt sind, zu siegen und ganz bestimmt auf Erfolg zu rechnen.

Manche Menschen wundern sich, dass sie eine geringe Rolle spielen und wenig Einfluss haben. Aber das kommt nur daher, dass sie nicht wie Eroberer denken und auftreten. Sie haben keine siegreiche Haltung, sondern machen den Eindruck von Schwächlingen. Kein Mensch wirkt mit magnetischer Kraft, ehe er nicht lernt, wie man Kraft ausstrahlt. Aber jeder Sieg wird zuerst im Geist erfochten.

Es gibt Menschen, die den Eindruck auf uns machen, als ob sie selber nicht erwarteten, jemals irgendwo zu gewinnen, und als ob ihr ganzes Streben sich damit begnügte, gerade genug zu einem leidlich bequemen Leben zu haben. Sie gehen von dem Gedanken aus, dass das Leben eitel Mühe und Arbeit ist, während es doch eine immerwährende herrliche Freude sein sollte. Denn ein richtig gelebtes Leben ist beständiges Wachstum, und das Bewusstsein davon, dass es bei uns so ist, dass unser Gesichtskreis sich fortwährend erweitert, gibt uns ein Gefühl der Genugtuung wie nichts anderes.

Schon dem Kind sollte der Gedanke eingeprägt und zur zweiten Natur werden, dass es zum Siegen geboren und sein ganzes Wesen darauf eingerichtet ist. Dann würde bei ihm nie der unglückselige Gedanke aufkommen, der manche Menschen erfüllt, sie seien so eingerichtet, dass sie immer besiegt werden müssten. Dazu jedoch ist kein Mensch geschaffen.

Die Zeit ist nahe, wo man die Kinder lehren wird, Kraft auszustrahlen und die Haltung des Siegers anzunehmen, und wo man dies als eines der wichtigsten Stücke der Erziehung und Ausbildung ansehen wird.

Das geistige Leben muss zuerst richtig in Ordnung sein, ehe das körperliche gedeihen kann. Wir müssen alle üblen Gedanken wie Neid, Hass und Rachsucht ganz aus unserem Geist verbannen und jenen Frieden und jene Heiterkeit der Seele pflegen, die allen bedeutenden Menschen zu eigen ist.

Die ganze Kunst, leistungsfähig und glücklich zu sein, besteht darin, dass wir das, was wir werden oder tun wollen, kräftig und beständig bejahen.

Die Menschen beurteilen uns tatsächlich nicht nach dem, was wir sagen, sondern nur nach dem, was wir sind. Sagen können wir alles Mögliche, aber die Menschen bilden sich ihr Urteil doch aufgrund jener unfasslichen Eindrücke, die das auf sie macht, was wir ausstrahlen, denn darin spüren sie unser wirkliches Wesen. Wir können auf die Dauer unsere wirklichen Gedanken oder Stimmungen nicht vor ihnen verbergen, wenn wir auch noch so honigsüße und schmeichelnde Reden führen. Wenn wir etwas gegen sie haben, wenn wir neidisch oder eifersüchtig sind, wenn wir unfreundlich oder gar feindlich gegen sie fühlen, so spüren sie das. Wir können unsere Worte wählen wie wir wollen, aber unsere Ausstrahlung können wir nicht ändern, außer wir ändern auch wirklich unsere ganze geistige Haltung.

Der Überfluss kann keinem Menschen nahe kommen, der ihn durch Zweifel und Furcht von sich stößt. Natürlich denkt der Mensch nicht daran, Wohlergehen und Glück von sich zu stoßen, aber durch seine geistige Haltung, durch Zweifel und Ängstlichkeit, durch den Mangel an Selbstvertrauen tut er es doch, ohne dass er es will oder weiß.

Viele Menschen gehen durchs Leben etwa in der Mitte zwischen Erfolg und Misserfolg, zwischen Reichtum und Armut, denn sie sind manchmal bejahend und schöpferisch und manchmal verneinend und unschöpferisch. Wenn sie ein bisschen Mut, Hoffnung und Begeisterung gewinnen, so kommen sie auch ein bisschen in die Höhe; wenn sie aber den Mut wieder verlieren und zu zweifeln anfangen, sinken sie wieder herunter.

Die Zeit ist nah, wo wir lernen werden, wie wir es anfangen müssen, dass unser Geist fortwährend in bejahender und schöpferischer Verfassung ist. Dann wird unser Leben mit Überfluss an allem Guten erfüllt sein.

Die Gewohnheit,
Großes
von uns selber zu erwarten,
lockt wirklich
das Beste hervor,
das in uns ist.

4. Erwarte Großes von dir selber

Wenn ein Tierbändiger zum ersten Mal zu den wilden Tieren in den Käfig treten würde und wäre dabei voll Furcht, Zweifel und Unsicherheit, was würde da wohl geschehen? Wenn er sich sagen würde: „Ich will versuchen, ob ich mit diesen Tieren fertig werde, aber ich glaube nicht wirklich, dass ich es kann?"
Wenn er mit einer derartigen Haltung des Geistes den wilden Tieren gegenüberträte, so würden sie ihn augenblicklich in Stücke reißen. Kühnheit und Mut allein können ihm das Leben erhalten. Er muss die Tiere mit seinen Blicken bändigen und es muss eine ungeheure Energie und Willenskraft hinter diesen Blicken stehen, denn der leiseste Schein von Furcht wäre sein Tod, das kleinste Zeichen von Angst würde ihm das Leben kosten.

Ganz allgemein gesprochen: Niemand kann etwas mit der Entschlusskraft unternehmen, die nötig ist, um es durchzuführen, wenn er nicht selbst die Überzeugung und den Glauben hat, dass er das erreichen wird, was er sich vorgenommen hat.

Wie lange wird ein junger Mensch brauchen, um sich ein Vermögen zu erwerben, wenn er nicht das geringste Zutrauen zu sich selber hat, dass er es auch kann, wenn er überzeugt ist, nur wenige könnten reich sein, die meisten müssten arm bleiben und er selber gehöre höchst wahrscheinlich zu diesen meisten? Wie lange wird ein junger Mann brauchen, um eine gute Stellung zu erhalten, wenn er sich selber die Fähigkeit abspricht, eine zu finden, und immerfort sagt: „Wozu soll ich es eigentlich versuchen?"

Ich habe junge Leute gekannt, die Rechtsanwälte, Ärzte oder Geschäftsmänner werden wollten, aber mit einem so schwachen Willen, mit einem so schwankenden Entschluss, dass die allererste Schwierigkeit sie schon abschreckte, die ihnen in den Weg kam. Nichts ist leichter, als solche Menschen von ihrem Entschluss abzubringen! Ich habe andere gekannt, die ihre Laufbahn mit so energischem Willen und so nachhaltiger Entschlusskraft antraten, dass nichts sie hemmen konnte, denn der Drang nach vorwärts zu ihrem Ziel war ihnen in Fleisch und Blut übergegangen.

Wenn wir untersuchen, wie große Erfolge zustande gekommen sind und wie die Menschen beschaffen waren, die sie erreicht haben, so finden wir jedes Mal als die hervorragende Eigenschaft das Selbstvertrauen. Der Mann, der den stärksten Glauben an seine Fähigkeit hat, genau das durchzusetzen, was er unternommen hat, der wird am ehesten durchdringen, auch wenn sein Selbstvertrauen anderen verwegen oder sogar tollkühn erscheint. Und zwar wirkt dieser Glaube nicht bloß auf ihn selber, sondern fast ebenso sehr auf andere, und beides zusammen macht erst den Erfolg möglich. Wir glauben gern an solche, die uns den Eindruck von Kraft vermitteln. Das können sie aber nicht, wenn sie nicht selber an ihre Kraft glauben, wenn ihr Geist voll ist von Furcht und Zweifel. Man braucht sich nur einmal die Laufbahn und das Schicksal eines Mannes wie Zeppelin zu vergegenwärtigen, um zu sehen, wie richtig das ist.

In allem, was wir tun, und bei jedem Geschäft, das wir machen, kommt es für uns darauf an, dass andere die Überzeugung gewinnen und glauben, wir können Pläne entwerfen und ausführen, wir können erstklassige Ware herstellen, wir können unsere Angestellten richtig anleiten, wir können die tausenderlei Dinge leisten, die man von uns verlangt und erwartet. Das Leben ist zu kurz und die Zeit reicht nicht, jedes Mal zu untersuchen, ob einer auch fähig ist, die Sache zu leisten, die er zu leisten verspricht; deshalb nimmt die Welt zunächst die Schätzung an, die ein Mensch von sich selber hat, und hält sie fest, bis er selbst das in ihn gesetzte Vertrauen enttäuscht. Ein Arzt braucht ja nicht jedem neuen Kranken seine Zeugnisse vorzulegen; wer das Schild eines Rechtsanwalts an seiner Tür hat, von dem nimmt man ohne Weiteres an, dass er sich auf diesen Beruf genügend vorbereitet hat, solang er nicht das Gegenteil beweist.

Unter einer Anzahl von Schulkameraden wird man immer einige finden, die keck auftreten und vorwärtskommen, während andere darauf warten, bis jemand sie entdeckt. Aber die Welt hat mehr zu tun, als den Verdienst aufzusuchen, und deshalb nimmt sie so lange an, du könnest leisten, was du versprichst, bis du selber deine Unfähigkeit erweist. Deshalb dürfen wir in unserem Selbstvertrauen keinen Augenblick schwanken, denn nichts zerstört das Vertrauen der andern so schnell als der Zweifel, der sich bei uns selber regt, und viele haben nur deshalb keinen Erfolg, weil sie ihre Entmutigung von sich ausstrahlen lassen und so die anderen enttäuschen.

Wenn du dich selbst nicht hoch einschätzt und dich heruntersetzt, kannst du sicher sein, die Anderen werden sich nicht die Mühe machen, dich hinaufzusetzen oder zu prüfen, ob deine Selbsteinschätzung nicht zu niedrig sei.

Ich habe noch nie gesehen, dass ein Mensch, der sich selber nicht hoch einschätzt, etwas wirklich Wertvolles geleistet hat. Wir können nicht mehr aus uns herausholen, als wir selber erwarten. Wenn du Großes von dir verlangst, und es auch wirklich erwartest, dann wirst du auch Großes leisten.

Wer sich selbst ständig heruntersetzt und sich gar nichts zutraut, der macht auch auf die Anderen einen minderwertigen Eindruck, denn was er denkt, prägt sich irgendwie in seinem Äußeren auch aus.

Wenn du selber nicht viel von dir hältst, so wird man dir das bald ansehen. Wenn du aber die Eigenschaften, die dir etwa fehlen, beständig im Sinn trägst und bejahst, so werden sie allmählich dein Eigentum, und dass du sie besitzt, wird sich auch äußerlich an dir ausprägen. Du musst dich groß fühlen, ehe du groß aussehen kannst.

Selbstvertrauen ist die Grundlage aller Leistungsfähigkeit; die Überzeugung, dass wir eine Sache wirklich ausführen können, hat eine ganz gewaltige Kraft.

Wer einen festen Glauben an sich selbst hat, der ist gefeit gegen alle Unsicherheit und Zweifel, ob er denn auch an seiner richtigen Stelle sei, ob er denn auch die nötigen Fähigkeiten habe und wie es ihm wohl in Zukunft gehen werde. Er hat Freiheit für alle seine Fähigkeiten und kann sie sich frei auswirken lassen – und das ist nötig, wenn er wirklich etwas Großes leisten will. Freiheit von Sorge und Furcht ist dem Geist so nötig wie dem Körper Freiheit von Ketten. Selbstvertrauen ist der Grundstein jedes großen menschlichen Gebäudes; es hat überall die größten Wunder gewirkt und die größten Schwierigkeiten überwunden. Sagt doch die Bibel, dass der Glaube Berge versetzt.

Überall lesen wir in der Bibel, dass es der Glaube war, der Männer wie Abraham, Moses und die Propheten befähigte, ihre wunderbaren Taten zu vollbringen. Nichts wird so oft betont in der Bibel als der Wert des Glaubens. Das Wort „Dir geschehe, wie du glaubest", geht durch die ganze Bibel. Überall wird uns gesagt, dass wir ohne Glauben nichts tun können und dass wir sofort unsere Kraft verlieren, wenn unser Glaube wankt. Wie schön und durchsichtig ist das gezeichnet in dem Bild des Petrus, der gläubig und mutig über das Wasser geht, um zu seinem Meister zu kommen, aber sofort zu sinken beginnt, wenn sein Glaube wankt und er sich vor den Wellen fürchtet.

Der Glaube ist das Band, das die Zustände in unserem Geist und die draußen in der Welt miteinander verbindet.

Der Glaube betritt das Allerheiligste, das Ewige in uns und rührt an das Göttliche, er öffnet uns den Zugang zu der wahren Quelle des Lebens, und durch den Glauben kommen wir in Berührung mit der unendlichen Macht. Unser Leben ist groß oder klein, ausgezeichnet oder gewöhnlich, je nach der Klarheit und Stärke unseres Glaubens.

Manche Menschen scheuen sich, diesem Glauben zu trauen, weil sie sein Wesen nicht kennen und ihn mit Einbildung verwechseln. Aber er ist die Stimme des Unendlichen selber, die in uns ertönt. Er ist ein Vermögen des Geistes, mit dem wir nicht raten oder meinen, sondern wissen, mit dem wir den Weg wahrnehmen, den wir mit allen übrigen Kräften unseres Geistes nicht erblicken. Er ist ein Wissen, genauso wirklich und so begründet als das Wissen, das uns unsere Sinne vermitteln.

Der Glaube ist eine gewisse Zuversicht dessen, was man hofft, und ein Nichtzweifeln an dem, das man nicht sieht. Er übt einen veredelnden Einfluss auf den Charakter aus und hebt uns zu den Höhen, von denen wir das gelobte Land unserer Ideale vor uns liegen sehen. Der Glaube ist das Licht der Wahrheit.

Es ist geradezu ein Verbrechen, einem Kind den Glauben an sich selbst zu rauben, indem man ihm sagt, es werde niemals etwas aus ihm werden und ihm fehlten die Gaben, die andere besitzen. Eltern und Lehrer denken viel zu wenig daran, wie empfänglich die jungen Seelen für solche Reden sind und wie leicht sie beeinflusst werden durch Worte, mit denen man ihre Unvollkommenheit und Minderwertigkeit ausspricht. Dieses Einreden einer angeblichen Minderwertigkeit hat mehr Unheil angestiftet und mehr Leben zerstört als irgendetwas anderes in der Welt.

Auch ein Rennpferd kann nichts gewinnen, wenn sein Selbstvertrauen zerstört ist. Die Leute, die es zum Rennen vorbereiten, wissen das wohl und suchen mit allen Mitteln dieses Selbstvertrauen wachzuhalten, denn es ist ein wichtiges Erfordernis zum Sieg.

Der Glaube macht unsere Kräfte frei und lässt unsere Anlagen sich entfalten. Er hat zu allen Zeiten die größten Wunder gewirkt. Alles, was dein Selbstvertrauen stärkt, das stärkt auch deine Kraft. Die Menschen, die große Taten vollbracht haben, waren immer gekennzeichnet durch starken Glauben an sich selbst, an ihre eigene Kraft und an die Zukunft. Unbedeutenden Menschen hat immer dieser Glaube gefehlt, und so wurden sie zaghaft und mutlos.

Die meisten unter denen, die die Menschheit auf eine höhere Stufe gehoben haben, fingen klein und arm an und sahen viele Jahre lang kaum eine Möglichkeit vor sich, ihr Ziel zu erreichen; aber sie arbeiteten weiter in dem festen Glauben, dass die Pforte zum Erfolg sich ihnen doch noch öffnen werde. Was haben diese Hoffnung und dieser Glaube für die großen Erfinder geleistet! Man denke nur an die Jahre, die Zeppelin als Gegenstand des Spottes selbst seiner nächsten Bekannten verleben musste. Wir genießen heute tausend Annehmlichkeiten des Lebens, diese haben entschlossene Männer für uns geschaffen, die oft taub bleiben mussten gegen die Bitten derer, die ihnen am nächsten standen, aber kein Vertrauen zu ihnen hatten und kein Mitgefühl für ihre Lage empfanden. Selbstvertrauen ist der beste Ersatz für Genie und ist mit dem Genie eng verbunden.

Niemand hat das Wesen dieses Glaubens bis jetzt richtig bestimmen können. Was ist das für eine Kraft, die den Menschen bei seinem Vorsatz festhält, die seinen Mut und seine Hoffnung auch unter den schwersten Umständen lebendig hält, wenn seine Nächsten kein Vertrauen zu ihm haben, die ihn so stark macht, dass er Dinge ertragen kann, die ihn ohne diese Kraft hundertmal umgebracht hätten?

Der Glaube ist eine Art sechster Sinn, ein Sinn der Seele, ein geistiges Fernsehen, das weit über den Bereich des leiblichen Auges hinausblickt. Er ist ein Vorläufer des Helden, der ihm den Weg zeigt, der die verschlossenen Tore für ihn öffnet, der über die Hindernisse weg den Pfad erblickt, den der Mensch mit seinen übrigen Sinnen nicht zu sehen vermag.

Der Glaube, der stärker war als alle Hindernisse, hat die großen Entdecker und Erfinder zu dem gemacht, was sie sind, und ihm verdankt jeder, der etwas Großes erreicht hat, das Beste davon. Wer diesen Glauben an sich selbst hat, für dessen Zukunft braucht uns nicht bange zu sein.

Wenn es möglich wäre, um den Glauben eines Menschen an sich selbst eine Messschnur zu legen, so wäre dieses Maß zugleich ungefähr das Maß dessen, was ihm möglich ist, denn niemand leistet etwas Großes mit kleinem Glauben; ist sein Glaube schwach, so ist es auch seine Leistung.

Wenn du zugibst, dass du eine Unmasse Mängel hast, dass das Glück dir nicht hold ist, dass du nicht dasselbe leisten kannst wie andere, erwartest du da wirklich etwas anderes, als dass deine Erfolge diesen Urteilen entsprechen? Jeder andere wird dich für recht minderwertig halten, und es ist eine alte Erfahrung, dass die Schätzung, die andere von uns haben, von größtem Einfluss ist auf das, was wir im Leben erreichen. Wenn man sich aber selbst mit der Aufschrift „minderwertig“ versieht, wenn man den Eindruck hervorruft, dass man keine allzu hohe Meinung von sich selber hat, wie sollen da die anderen anders urteilen?

Wenn wir uns mehr zutrauen wollten, wenn wir mehr Glauben an uns selbst hätten, so könnten wir auch unendlich mehr leisten. Und wir hätten diesen richtigen Glauben gewonnen, wenn wir unsere eigene Göttlichkeit deutlicher erkennen würden. Wir werden nur gehemmt durch die alte

Lehre, dass der Mensch von Natur verdorben sei. Aber von natürlicher Minderwertigkeit oder Verderbnis kann bei dem gottgeschaffenen Menschen keine Rede sein. Was Gott geschaffen hat, das ist vollkommen. Aber freilich, viele von uns sind nur ein Zerrbild dessen, was Gott wollte. Wir denken uns klein und minderwertig, weil wir abwärts denken. Wir müssen aber aufwärts denken, wenn wir die Höhe erreichen wollen, auf der die Vollkommenheit wohnt.

Eine der unglücklichsten Vorstellungen der Theologie ist der Gedanke von der Verschlechterung des Menschen, der von einem hohen „Urstand" herabgesunken sei. In Wirklichkeit ist der Mensch, soweit wir seine älteste Geschichte kennen, aus niedrigen Anfängen beständig aufwärts gestiegen; allerdings hat jene Vorstellung seinen Aufstieg öfter aufgehalten als befördert. Aber der gottgeschaffene Mensch ist niemals „gefallen", nur seine mangelnde Selbstunterschätzung hat ihn allerdings oft gelähmt und heruntergebracht.

Die Bibel lehrt uns nirgends, dass wir vor Gott kriechen sollen wie Sklaven; eine solche Selbsterniedrigung macht uns nur schlechter. Der Mensch ist nach Gottes Bild geschaffen, um seine Gottebenbildlichkeit zu behaupten, er ist aufrecht geschaffen und soll der ganzen Welt und auch seinem Schöpfer frei ins Antlitz schauen.

Wenn der Mensch ein Königskind ist und königliches Blut in den Adern hat, dann soll er auch sein angeborenes Recht kühn und männlich, mit Würde und Selbstvertrauen behaupten. Der Fehler, den wir machen, liegt darin, dass wir unsere angeborenen guten Eigenschaften zu wenig im Sinn behalten, dass wir nicht hoch genug von uns denken. Täten wir das, so wären unser Ausdruck und unsere gesamte Erscheinung gottähnlicher.

Ob wir es wissen oder nicht, jedenfalls ist das sicher, dass wir nicht stärker sein können, als unser Glaube an uns selber ist, dass wir nicht mehr leisten können, als wir uns zutrauen.

Wenn wir uns daran gewöhnen, uns immer bewusst zu bleiben, dass unsere Fähigkeiten und unsere Kraft größer sind als das, was wir jetzt eben damit leisten, so hat das einen ganz gewaltigen Einfluss auf unsere geistigen Fähigkeiten und entwickelt und entfaltet sie ungemein. Die Kraft, die wir anwenden könnten, ist noch so wenig entwickelt, dass unsere Selbsteinschätzung immer zurückbleibt hinter der Höhe, zu der unser verborgener Kraftbesitz uns befähigt.

Fast immer ist der größte Fehler eines Menschen sein mangelnder Glaube an sich selber. Sehr viele von denen, die keine Erfolge hatten, könnten sie haben, wenn diese Fähigkeit in ihrer Jugend besser ausgebildet und entwickelt worden wäre.

Nimm einen zaghaften, scheuen, stets zurückweichenden Menschen und bringe ihm bei, dass er an sich selbst glaubt, dass er einsieht, auch in ihm liegen große Möglichkeiten, so dass er überzeugt ist, auch aus ihm könne noch ein angesehenes und leistungsfähiges Mitglied des Staates werden. Lass ihn in diesem Glauben sich üben, bis er ganz stark wird, und du wirst sehen, es wächst ihm nicht bloß der Mut, sondern alle seine geistigen Fähigkeiten wachsen und entwickeln sich mit.

Es kommt nicht in erster Linie darauf an, wie groß die ursprünglichen Fähigkeiten des Menschen sind; seine eigene Selbsteinschätzung bestimmt das Ergebnis ihrer Betätigung. Wenn ein Mensch nur ein Talent, aber einen starken Glauben an sich selbst hat, so leistet und erreicht er viel mehr als ein anderer, der fünf oder zehn Talente, aber kein Selbstvertrauen besitzt. Ich kenne nichts, das den Menschen vor allem Niedrigen und Gemeinen so zuverlässig schützt, wie die

Gewöhnung, noch von sich selbst zu denken. Alle Kräfte wirken dann zusammen, um die Ideale zu verwirklichen. Du musst aufbauende und erhebende Vorstellungen von dir selber und von den göttlichen Möglichkeiten hegen, die in dir liegen. Wenn du dich so an immer höheren Maßstäben und Idealen misst, so wirst du auch immer höher steigen.

Der Zweifel an uns selber lähmt unsere Kraft. Wir müssen erst glauben, dass wir eine Sache ausführen können, erst dann können wir's wirklich. So lange wir zweifeln, leisten wir nichts.

Wenn wir eine brennende Sehnsucht empfinden, etwas auszuführen, so ist das schon ein Beweis dafür, dass wir auch die Fähigkeit dazu haben, und die beständige Bejahung, dass wir es tun können und tun werden, macht die Verwirklichung noch gewisser. Der Glaube ist der Felsen, in den der Grundstein des Charakters eingesenkt ist. Wer einen unerschütterlichen Glauben an seine Sendung, an sich selbst und an seinen Gott besitzt, der hat Kraft und Macht.

Ein Mensch mit starkem Glauben an sich selbst erweckt Glauben an seinen Erfolg auch bei solchen, die nicht mit seinen Zielen übereinstimmen. Man glaubt an ihn und seinen Erfolg umso mehr, je unerschütterlicher und fester er selber den Glauben an seine Sendung festhält. Wer aber nur lose mit seiner Arbeit zusammenhängt und leicht von seinem Ziele abgebracht werden kann, der ist überhaupt kein Mann.

Fast allen Menschen aus meiner Bekanntschaft, die große Erfolge erzielt haben, war es zur zweiten Natur geworden, bei allem, was sie unternahmen oder was ihnen begegnete, zu erwarten, dass es gut ausgehen werde. Durch eine geheimnisvolle, uns nicht näher bekannte Kraft zieht eine derartige Erwartung das an, was man wünscht. Es gibt nichts, was uns so viel Nutzen und Gewinn bringt, als diese

Gewohnheit, immer das Beste zu hoffen, immer überzeugt zu sein, dass wir schließlich gewinnen werden. Dagegen ist es für den Erfolg höchst ungünstig, unter Umständen geradezu verhängnisvoll, wenn wir schon beim Beginn eines Unternehmens erwarten, es werde wohl misslingen, denn der Erfolg wird zuerst im Geist errungen und dann erst verwirklicht.

Es gibt Menschen, denen alles gelingt, weil sie mit vollem und festem Vertrauen auf das Gelingen an die Sache herangehen. Anderen misslingt dagegen alles, weil sie von vornherein so viele bedrohliche Hindernisse sehen, dass sie den Mut verlieren, und das macht den Geist verneinend und unschöpferisch und es hindert ihn an jedem tapferen Wagnis.

Wenn dem General Napoleon die Alpen so furchtbar vorgekommen wären wie denen, die ihn davor warnten, so hätte er seinen berühmten Zug über den St. Bernhard mitten im Winter niemals gemacht.

Große Taten vollbringt Einer nur unter dem Antrieb einer unerschütterlichen Überzeugung, dass er durchführen kann, was er sich vornimmt. In einer solchen starken Bejahung, die entschlossen ausgesprochen wird, liegt eine unwiderstehliche Kraft. Man hätte ebenso gut den Felsen von Gibraltar bewegen können, als einen Helden des Willens wie Napoleon von seinen Vorhaben abzubringen.

Der Glaube ist unsere Sicherheit, wenn wir kein Licht mehr vor uns sehen. Er tut uns dieselben Dienste wie der Kompass dem Schiffer im Sturm; wenn wir auch vor Wind und Wellen nicht voraus Ausguck halten können, so wissen wir doch, dass wir auf dem richtigen Wege sind, denn der Kompass weicht niemals ab.

Die heutigen Riesengeschosse langsam durch die Panzerplatte eines Schiffes zu drücken, ist natürlich unmöglich;

wenn aber eine gehörige Pulverladung ihnen die rechte Geschwindigkeit und Durchschlagskraft verleiht, so drücken sie den Stahl auseinander wie Butter. So kommt ein zögernder, unsicher vorwärtsschreitender Mensch nicht durch die Hindernisse auf seinem Weg durch, die vor dem kühn und mutig gegen sie vorgehenden kraftlos in sich zusammensinken. Ob eine Schwierigkeit groß oder klein ist, das hängt davon ab, ob du klein oder groß bist.

Scheue dich nicht vor der Übernahme einer ernsten Verantwortung, wenn sie auf dem Weg liegt, auf dem dich deine Pflicht vorwärtsführt. Es ist ein schlimmer Fehler, wenn man meint, man sollte sie heute ablehnen, weil man später besser auf sie vorbereitet sei. Du musst sie auf dich nehmen, wenn sie an dich herantritt; die nötige Übung kommt dann von selbst.

Fürchte dich nicht, Großes von dir selbst zu verlangen: Kräfte, von denen du nie geahnt hast, dass du sie besitzt, werden dir dabei zu Hilfe kommen. Vertraue dir selbst – dieser energische Klang tönt in jedem tapferen Herzen nach. Wenn du Großes von dir verlangst, so weckst du Kräfte in dir, die ohne diese Forderung niemals zur Betätigung gekommen wären.

Betrachte dich als beständig vom Glück begünstigt; das wird dir außerordentlich guttun. Denke nur allein, wie wertvoll es ist, wenn andere das auch von dir glauben und überzeugt sind, dass alles gut ausgeht, was du anfängst.

Dieser Glaube seiner Umgebung, dass er stets Erfolg habe in allem, was er unternehme, hat mitgewirkt, Theodor Roosevelt in die Höhe zu bringen. Er hatte den Ruf, dass er den Sieg an seine Fahne zu fesseln verstehe, und man erwartete stets das Größte von ihm. Er ist aber offenbar auch selber der Meinung, dass er immer gewinnen müsse. So hat er zu seiner eigenen Tatkraft noch die belebende Wirkung der allgemeinen Erwartung von ihm erfahren dürfen. Denn er glaubt selber, dass er dazu bestimmt ist, Großes durchzusetzen, und an diesem Selbstvertrauen hat sich das Vertrauen seines ganzen Volkes entzündet, und so war jede Schlacht für ihn von vornherein halb gewonnen und der Erfolg jedes Mal sicher, wenn er etwas unternahm.

Mancher Mensch entdeckt allerdings sein wahres Selbst erst nach einer schweren Niederlage; diese scheint eine Springfeder in ihrem Wesen zu berühren und Kräfte zu entfesseln, mit denen sie wahre Wunder tun. Wenn also ein Mensch, der aus dem rechten Holz geschnitzt ist, einmal strauchelt und fällt, wenn er sehen muss, wie seine Bekannten überzeugt sind, mit ihm sei es jetzt vorbei, dann fasst er den Entschluss, sich erst recht durchzusetzen, und jeder Blutstropfen in ihm arbeitet mit.

**Der Glaube ist
ein göttlicher Bote,
der den von Zweifel und Sünde
geblendeten Menschen
auf den rechten Weg führt.**

5. Geistige Selbstbeeinflussung

Es gibt Menschen mit tüchtigen Anlagen, die doch ihr ganzes Leben hindurch nichts Rechtes leisten, weil sie die Opfer ihrer entmutigenden Selbstbeeinflussung sind. So oft sie etwas unternehmen, lassen sie ihren Geist bei der Vorstellung verweilen, dass es vielleicht misslingen könnte, und so lähmen sie ihre Tatkraft.

Es ist fast das Schlimmste, was einem Menschen begegnen kann, wenn der Gedanke bei ihm Eingang findet, dass er zum Unglück geboren und das Schicksal ihm ungünstig sei. Es gibt kein Schicksal außer unserem Geist: „In deiner Brust sind deines Schicksals Sterne." Wir selbst sind unser Schicksal, von uns allein hängt es ab, wie es uns gehen soll.

In jeder Stadt gibt es Leute, die sich beklagen, sie könnten in dieser Umgebung nicht vorwärtskommen und fänden keine Möglichkeit des Aufstiegs – und in derselben Stadt kommen so und so viel Leute vorwärts und in die Höhe.

Wie soll man einem Menschen helfen, der sich einbildet, er sei nur zu Misserfolg geboren? Dass aus solchen Gedanken ein Erfolg kommt, ist ebenso unmöglich, als dass an einer Distel Rosen wachsen. Wenn jemand sich sehr vor Fehlschlägen und Armut fürchtet und infolgedessen viel daran denkt, so drückt er gerade den Gedanken des Misserfolgs seinem Unterbewusstsein ein und schafft damit selbst die ungünstigsten Bedingungen für den Erfolg. Mit anderen Worten: Sein Denken und seine ganze geistige Haltung machen eben das unmöglich, was er zu erreichen wünscht.

Wir sind lange nicht streng genug gegen uns selbst und verlangen viel zu wenig von uns. Wir sollten uns selber in besserem Licht sehen und uns vorstellen, dass unendliche Möglichkeiten in uns liegen. Habe nur keine Angst, dass du

zu hoch von dir denkst; denn wenn du von Gott geschaffen
bist, so musst du auch an den Eigenschaften deines Schöpfers Anteil haben.

Es liegt eine zauberhafte und in Wahrheit schöpferische
Kraft darin, wenn du so und so werden willst, dass du dir
vorstellst, du wärst schon so und besäßest die gewünschten
Eigenschaften schon.

Du wünschst dir, gesund zu sein oder zu bleiben. Dann
denke unter keinen Umständen, dass es auch anders kommen könnte, sondern halte die Vorstellung von Gesundheit
im Denken und Reden beständig fest.

Du möchtest mutig und furchtlos sein. Dann halte den
Gedanken fest, dass du es wirklich bist, dass du dich vor
nichts fürchtest.

Wenn du schüchtern bist und darunter leidest, so bejahe
kräftig, dass du dich vor niemand fürchtest, dass du deinen
Kopf stets hochtragen und diese Schwäche bald überwinden wirst. Auch absichtliche Gleichgültigkeit hilft schon etwas. Sage zu dir selbst, dass die anderen Menschen gar
keine Zeit haben, dich zu beobachten, und dass du dir auch
nichts daraus machst, wenn sie es tun.

Wenn deine Eltern und Lehrer dir sagen, du seist dumm,
so verneine es, so oft du es hörst. Bejahe beständig, dass
du alle möglichen Anlagen und Fähigkeiten hast und dass
du das denen noch beweisen willst, die jetzt mit dir so unzufrieden sind.

Du wirst bald sehen, dass deine Fähigkeiten wachsen im
Verhältnis zur Stärke des Selbstvertrauens, mit dem du bejahst, was du sein möchtest.

Zur Stärkung deines Selbstbewusstseins ist ein wichtiges
Mittel das, was man heute Autosuggestion nennt, die geis-
tige Selbstbeeinflussung. Halte dich immer so, dass du den
Eindruck des Erfolgs, des Wachstums und der Überlegen-

heit machst. Schon der Ruf, immer fortzuschreiten und nie stillzustehen, in den du so bei Anderen kommst, ist unendlich viel wert.

So oft du mit Bekannten zusammentriffst, unterstehst du ihrer Messung und ihrem Urteil, ob du mehr geworden bist, seit sie dich zuletzt trafen. Und wenn sie nun jedes Mal finden, dass du in irgendeinem Bereich größer geworden bist, so wirst du für einen Menschen gelten, der eine Zukunft vor sich hat.

Denke niemals schlecht von dir selbst, betrachte dich niemals als schwach oder leistungsunfähig, sondern immer als stark und frisch. Die Möglichkeit, dass du es zu nichts Rechtem bringen könntest, darf dir gar nicht erst in den Sinn kommen.

Misserfolg und Armut sind unmöglich für den, der das Göttliche in sich gewahr geworden ist, der mit der Gottheit in Berührung steht; sie sind nur bei solchen möglich, die ihr Selbst und ihre gottähnlichen Eigenschaften noch gar nicht entdeckt haben.

Wenn du bejahende und aufbauende Gedanken beständig festhältst, werden sie schließlich das hervorbringen, was du dir wünschst. Bedenke immer, dass alles, was dir begegnet, seine bestimmte Ursache hat; und diese Ursache ist der Gedanke.

Gedanken sind Kräfte, und durch sie arbeiten wir beständig an uns selbst und an unseren Umständen. Diese kleinen Kraftmittelpunkte sind fortwährend bei der Arbeit, unseren Charakter und unser Leben zu formen und umzuformen. Wir können den Folgen unserer Gedanken gar nicht entfliehen, wir werden, was wir denken.

Jemand hat einmal gesagt: „Unsere ganze Pflicht besteht darin, dass wir lernen, was wir denken sollen, und es dann denken."

Der Heilige Paulus kannte diese Gesetze des richtigen Denkens und wusste, dass unsere Ideale, wenn wir sie beständig im Geist festhalten, unser ganzes Wesen durchdringen und umformen.

„Was wahrhaftig ist, was ehrbar, was gerecht, was keusch, was lieblich, was wohl lautet, ist etwa eine Tugend, ist etwa ein Lob, dem denket nach."

Dem denket nach! Er meint nicht, dass uns diese Gedanken flüchtig durch den Kopf gehen sollen, wie Wasser durch ein Sieb, sondern dass wir bei ihnen und sie bei uns verweilen, dass wir sie im Geist festhalten sollen, bis sie unser Leben durchdringen und ein Teil unsres Wesens und unsre zweite Natur werden.

Stelle dir nur einmal vor, was der entgegengesetzte Rat zu bedeuten hätte, wir sollten beständig schlimme, unsittliche, unreine Gedanken, Hass, Rachsucht, Streitsucht, Eifersucht und alle denkbaren Leidenschaften in unsrem Geist hegen! Bei verbrecherischen Gedanken zu verweilen, macht den Menschen zum Verbrecher; bei unreinen Gedanken zu verweilen, macht selbst unrein.

Ich kann mich nicht von mir selbst entfernen, ich bin immer von mir selbst umgeben, mein Ideal und meine geistige Selbstbeeinflussung wirken immer auf mich. Aber wenn wir aus unsrem eigenen Dunstkreis nicht heraustreten können, so ist es uns doch jederzeit möglich, ihn umzuformen, indem wir unsere Gedanken umformen. Wir haben es also in unserer Gewalt, im Paradies oder in der Hölle zu leben.

Wer an schlechten Gewohnheiten leidet, der kann sich vom Unbewussten aus dahin beeinflussen, dass er nichts mehr damit zu tun haben will. Das ist heute eine bekannte und wissenschaftlich festgestellte Tatsache.

Wie kannst du hoffen, alles aus dir herauszuholen, was an Leistungsfähigkeit in dir steckt, wenn Sorge und Furcht,

Mutlosigkeit und Trübsinn ein Viertel, die Hälfte oder gar drei Viertel deiner geistigen Energie aufbrauchen? Du musst deinen Geist von der schädlichen Einwirkung dieser Gemütszustände frei machen oder du musst die Kosten mit Erschöpfung deiner Lebenskraft und Verschwendung deiner Energie bezahlen!

Man denke sich nur einmal im Einzelnen die vernichtende Wirkung aus, die rasende Eifersucht auf den Charakter, das Glück und die Arbeitsfähigkeit eines Menschen ausübt. Alles, was auf dem Geist lastet, Ängstlichkeit und Sorge so gut wie Eifersucht, lähmt seine schöpferische Kraft. Umgekehrt ist es geradezu wunderbar, bis zu welchem Grad wir unsere geistige Kraft steigern können, wenn wir ständig den frohen Gedanken an Frische, Kraft und Leistungsfähigkeit in uns festhalten.

Du kannst doch sicher deine geistige Energie zu etwas Besserem gebrauchen als dazu, widerwärtige Erlebnisse im Gedächtnis festzuhalten und immer wieder an dir vorbeiziehen zu lassen. Mache es vielmehr so: Wenn du in schlechter Stimmung bist, wenn dir zumute ist, als müsstest du mit jedem Menschen Streit anfangen, und du die Empfindung hast, du seist nicht mehr völlig Herr deiner selbst, dann höre auf zu arbeiten. Stehe sofort vom Schreibtisch auf, lass alles liegen und stehen und gehe ins Freie. Gehe ein paar Straßen – noch besser wär's, du könntest geschwind ins Grüne, in einen Park oder Wald – und fasse den Entschluss, alles aus deinem Geist zu verjagen, was dir dein inneres Gleichgewicht stört. Denke an schöne und angenehme Dinge und nimm dir vor, ruhig und heiter zu sein, dich nicht von Kleinigkeiten aus der Fassung bringen zu lassen und deine Arbeit mit aller Kraft zu tun. Solche Gedanken halte, womöglich im Freien, für ein paar Minuten fest, atme recht tief frische, gute Luft ein und du wirst sehen, wenn du dann zurückkommst und die Arbeit wieder aufnimmst, bist du ein ganz anderer Mensch.

Du wirst selber überrascht sein, wie gut es sich bezahlt macht, wenn du so einige Zeit daran wendest, um dich wieder in Stimmung zu bringen, denn du musst immer erst du selbst sein, ehe du wieder als Herrscher über deiner Arbeit walten kannst.

Es ist ungemein nützlich, wenn du dich so behandelst und – womöglich laut und mit ausdrücklichen Worten – so zu dir sprichst, wie du es bei einem Sohn machen würdest, von dem du große Dinge erwartest. Wiederhole dir öfter aufmunternde Worte eines Dichters und was du sonst derartiges kennst oder ausdrücklich zu diesem Zweck kennen zu lernen suchst. Diese Art von geistiger Selbstbeeinflussung hat eine geradezu überraschende Wirkung.

Ich habe einen Freund, der sich auf diese Weise ganz vorzüglich erzogen hat, indem er in der hier angegebenen Art mit sich selber spricht. Wenn er das Gefühl hat, dass er nicht das leistet, was er leisten könnte und sollte, dass er eine Dummheit begangen hat, dass ihn sein gesundes Urteil in einer Sache verlassen hat und dass es irgendwie mit ihm abwärts statt aufwärts geht, dann begibt er sich allein aufs Land, womöglich in den Wald oder in die Berge, und spricht einmal gehörig mit sich selber in langen zusammenhängenden Ansprachen, wie man sie etwa an einen Sohn oder guten Freund richtet, dem man freundschaftlich den Kopf zurechtsetzen will. Dieser Mann hat durch strenge Selbstdisziplin alles aus sich gemacht, was er ist. Er stammt aus dem übelsten Viertel von New York, und von Kindheit an kümmerte sich kein Mensch um ihn. Er hat kaum je eine Schule besucht, aber er ist heute ein ungewöhnlich gebildeter Mann und das hat er sich alles nach seinem einundzwanzigsten Lebensjahr selbst angeeignet.

So sollten auch die Menschen, die gewohnheitsmäßig ihren Geist von Sorgen und Stimmungen verdüstern lassen, einmal halt machen und ernstlich mit sich reden, um der Sache ein Ende zu machen, denn in beständiger Furcht und Sorge zu leben, das ist gar kein Leben zu nennen.

So oft du fühlst, dass diese bösen Geister bei dir einziehen wollen, verjage sie augenblicklich und wende sofort das rechte Gegenmittel an. Stelle dich dir selbst als vollkommen furchtlos vor, sage zu dir selber: Ich bin kein Feigling, ich habe keine Furcht, ich werde der Furcht keinen Einlass gönnen bei mir und ich will mir mein Leben nicht durch sie zerstören lassen.

Es gibt kein Schicksal, das den Einen zum Aufsteigen, den Anderen zum Unterliegen bestimmt. Nur der ist besiegt, der seine Niederlage zugibt.

Die Welt gehört dem Sieger, und Sieger kann jeder sein, der Entschlusskraft und Ausdauer besitzt. Es gibt keine Bestimmung, dass die Güter dieser Welt nur wenige Ausersehene, aber nicht für mich und dich sind.

Wer gelernt hat, seinen Geist mit solchen Gedanken erfüllt zu halten, die ihn erheben und ermutigen, die ihn froh und hoffnungsvoll in die Zukunft sehen lassen, der hat eines der größten Lebensrätsel gelöst.

Der Glaube ist
das beste Gegengift gegen
die Sorge.
Wir sorgen uns, weil
wir den Weg nicht sehen,
aber der Glaube sieht ihn.
Wenn der Geist durch Sorgen
getrübt ist,
kann man nicht kräftig,
klar und folgerichtig denken.
Die Sorge verdüstert
den Geist und
lähmt das Denken.

6. Trübe Stimmungen

Wer lachen kann, wenn etwas misslingt, der hat einen großen Vorteil über den, dessen Mut schwindet, sobald die Sache schwierig wird. Der Mann, der lachen kann, wenn alles gegen ihn verschworen zu sein scheint, der zeigt, dass er aus dem Holz geschnitzt ist, aus dem die Sieger gemacht werden.

Carlyle – der es wohl aus bitterster Erfahrung wissen konnte – sagt, manche Menschen hätten eine fabelhafte Fähigkeit, unglücklich zu sein. Viele haben in der Tat die Anlage, geistiges Gift auszustrahlen. Sie strahlen ihren Trübsinn auf dich hinüber, so sehr du dich dagegen wehrst. Sie behaupten, sie seien so geboren und von Natur so veranlagt, dass sie gar nicht anders als trübselig und verzweifelt sein könnten.

Aber das ist lauter Unsinn. Niemand ist dazu geboren, elend zu sein, Trübseligkeit in die Welt zu bringen oder Andere unglücklich zu machen. Es ist die Absicht des Schöpfers, dass wir uns alle glücklich fühlen sollen.

Unter deinen Nebenmenschen mit essigsaurem Gesicht herumzugehen, geistiges Gift auszustrahlen, die Keime des Zweifels, der Furcht, der Entmutigung und der Verzweiflung zu verbreiten, ist ebenso unrecht, als würdest du die Menschen körperlich verwunden. Ihr Glück zu vergiften ist dasselbe Verbrechen wie ihren Körper zu vergiften.

Es ist merkwürdig, dass so viele Menschen immer zu treffen sind, wenn ihnen der Trübsinn einen Besuch machen will; er scheint immer willkommen zu sein. Sie sprechen von ihrem „Unglück" bis in die kleinsten Einzelheiten und erzählen jedermann, wie grausam das Schicksal ihnen mitspielt. Es scheint, als hätten sie eine krankhafte Neigung zur ewigen Betrachtung alles dessen, was ihr Leben verbittert und

ihr Vorwärtskommen aufgehalten hat. Von ihnen sprechen
die Worte des Dichters:

„Ihm zehrt der Gram
das nächste Glück von seinen Lippen weg,
ihm schwärmen abwärts immer die Gedanken.
Es wälzet sich
die ewige Betrachtung des Geschehnen
verwirrend um sein Haupt."

So lassen die Menschen die Bilder dieser feindseligen Gedanken sich immer tiefer in ihr Wesen einätzen.

Der Schöpfer hat uns auf diese schöne Erde gesetzt, damit wir glücklich seien, nicht damit wir jammernd und klagend unter unseren Mitmenschen umhergehen.

„Ein frohes und verständnisvolles Gesicht ist der letzte Endzweck alles menschlichen Fortschritts", sagt Emerson. Goethe sagt sogar: „Wozu dient all der Aufwand von Sonnen und Planeten und Monden, von Sternen und Milchstraßen, von Kometen und Nebelflecken, von gewordenen und werdenden Welten, wenn sich nicht zuletzt ein glücklicher Mensch unbewusst seines Daseins freut?"

Es ist kein Platz auf der Welt für den mürrischen, trübsinnigen und verzweifelten Menschen. Niemand will mit ihm leben, jeder fühlt sich in seiner Gegenwart bedrückt und niedergeschlagen und versucht, von ihm abzurücken.

Trübe, schwarzseherische Stimmung fördert die Entwicklung von Krankheiten aller Art, denn sie macht den Körper dafür empfänglich und zerstört all seine Widerstandskraft. Nichts wirkt so ansteckend wie Niedergeschlagenheit und trübe Stimmung.

Menschen, die von Zeit zu Zeit Anfälle von trüben Stimmungen haben, scheinen ja geradezu von bösen Geistern besessen zu sein. Sie können in solchen Zeiten nicht einmal höflich, noch viel weniger liebenswürdig gegen ihre eigene Familie sein. Sie bilden sich ein, dass sie sich in solchen Stunden die gewöhnlichste Selbstbeherrschung schenken können, lassen all ihren üblen Gefühlen freien Lauf und machen damit ihre ganze Umgebung unglücklich.

Manchmal leidet eine ganze Familie unter einem einzigen mürrischen, trübsinnigen Menschen. Nie ist er mit etwas zufrieden, weder mit dem Wetter noch mit dem, was die Anderen tun. Wenn die Anderen ausgehen wollen, so will er zu Hause bleiben oder jedenfalls anderswohin – er will immer das Gegenteil. Es besteht ein ständiger Missklang zwischen ihm und seiner Umgebung. Er hat keine Freude mit anderen gemeinsam. Er ist nicht nur selber unglücklich, sondern er hindert auch noch die anderen am Glücklichsein.

Dass es aber solchen Leuten doch möglich ist, über ihre Stimmungen Herr zu werden, das zeigt sich oft bei einem unerwarteten Besuch. Manchmal ist die „Verzauberung" in dem Augenblick gebrochen, da die Türglocke ertönt und Besuch anzeigt, und das Opfer der Schwermut ist lauter Lächeln und Liebenswürdigkeit. Es ist wie mit den gewohnheitsmäßigen Kopfschmerzen mancher Damen, die totsicher an dem Tag ausbleiben, wo sie zum Präsidenten oder sonst bei einem hohen Tier eingeladen sind; wenn es ganz unbedingt notwendig ist, so kann das Kopfweh auch einen Tag verschoben werden. So schämen sich jene Stimmungsmenschen doch vor Freunden und bekommen plötzlich einen „lichten Augenblick", wenn Besuch eintritt.

Dieses ganze Stimmungswesen ist schauderhafte Verschwendung von Energie, die zu tausendmal nützlicheren Dingen verwendet werden könnte.

Es ist ein jammervoller Anblick, zu sehen, wie ein starker und kräftiger Mann der Sklave solch trüben Stimmungen ist.

Er ist vielleicht dazu bestimmt und fähig, Hunderte von Angestellten in einem großen Geschäft zu leiten, er ist zu großen Dingen geboren – aber er liegt tagelang in den Fesseln seiner trüben Stimmung und ist ein Opfer böser Geister, die er in fünf Minuten erdrosseln könnte, wenn er sich nur seiner Kraft bewusst wäre.

Ein Mann, der die wehrlose Beute seiner Stimmungen ist, kann niemals führend sein, ja er kann nicht einmal eine verantwortliche Stellung bekleiden, in der es auf rasche und selbstständige Entschlüsse ankommt. Je nach seiner Stimmung erscheint ihm eine Sache leicht oder schwer, aussichtsreich oder aussichtslos; den einen Tag ist er ängstlich und für übergroße Sparsamkeit im Betrieb, den nächsten Tag ist er für Erweiterung und Verstärkung des Betriebs – so geht es auf und ab bei ihm, denn Entmutigung beeinflusst in hohem Grad das Urteil, und manche Menschen begehen unter dem Einfluss der Furcht die größten Torheiten. Wenn du am Ende deines Lateins angelangt bist und nicht weißt, auf welchem Weg du jetzt weitergehen sollst, dann steht es gefährlich um dich, denn du bist dann nicht in der Verfassung, einen vernünftigen Plan zu fassen und das Beste zu tun, was jetzt getan werden kann und muss. Entschlüsse darfst du nur dann fassen, wenn du kühl und ruhig bist.

Du kannst deinen Verstand und dein Urteil nicht richtig anwenden, wenn dein Geist von Furcht, Unsicherheit oder Niedergeschlagenheit getrübt ist. Auf das hin, was dir in solchem Zustand in den Sinn kommt, darfst du unter keinen Umständen handeln. Ruhe, inneres Gleichgewicht und Heiterkeit sind unbedingt erforderlich, wenn du richtig denken willst.

Bei vielen Menschen liegt die Ursache, warum sie nicht vorwärts kommen, darin, dass sie wichtige Entschlüsse fassen zu einer Zeit, wo ihr Geist nicht in der richtigen Verfassung dazu ist, weil Furcht ihn erfüllt. Was unter einem solchen Druck getan wird, taugt fast nie etwas. Was wir in einem plötzlichen Fall der Not brauchen, das ist Umsicht, und diese gedeiht nur, wenn der Kopf kühl und der ganze Geist im Gleichgewicht ist.

Wenn in einem solchen Augenblick Furcht und schwere Sorge deinen Geist trüben, so darfst du keine Entschlüsse fassen. Aber eines kannst du tun: Du kannst diesem Zustand ein Ende machen, indem du den Zug deiner Gedanken auf das dir entgegengesetzte Gleis hinüberbringst. Denke dich ruhig! Komm zu dir selbst, finde dein geistiges Gleichgewicht, dann kannst du auch wieder vernünftig handeln.

Es liegt ebenso wenig im Plan der Schöpfung, dass der Mensch ein Sklave seiner Leidenschaften sei, wie dass er ein Opfer seiner Stimmungen werde; er darf nicht erst bei seiner Stimmung anfragen, ob er seine Pflicht tun, ob er seine Aufgabe erfüllen soll. Er ist dazu bestimmt, ebenso gut Herr über sich selber wie über seine Umstände zu sein.

Für einen einigermaßen geschulten Geist ist es ohne Weiteres möglich, den schlimmsten Anfall von trüber Stimmung in wenig Minuten zu überwinden. Wir machen aber meist einen großen Fehler. Statt einfach die Fenster des Geistes weit aufzumachen und die Sonne des Frohsinns und der Hoffnungsfreudigkeit hereinscheinen zu lassen, halten wir die Läden geschlossen und versuchen die Dunkelheit unmittelbar zu bekämpfen, während ja nur ein einziger Sonnenstrahl seelischer Heiterkeit alle Gespenster verjagen könnte, die im Dunkeln gedeihen.

Es ist die wichtigste Kunst, die wir Menschen lernen können, unseren Geist von den Feinden unserer Ruhe, unseres Glückes und unseres Erfolges freizuhalten. Wir müssen lernen, unsern Geist auf das Schöne zu sammeln statt auf das

Hässliche, auf das Wahre statt auf das Falsche, auf Einklang statt auf Missklang, auf Leben statt auf Tod, auf Gesundheit statt auf Krankheit. Es ist nicht immer leicht, aber es ist für jeden möglich. Wir brauchen dazu nichts als geschicktes Denken, die Fähigkeit, rechte Denkgewohnheiten zu bilden.

Das beste Mittel, die Dunkelheit zu vertreiben, besteht darin, dass wir dem Licht freien Zugang gewähren. Wenn wir Missklang, Irrtum und Hässlichkeit vertreiben wollen, müssen wir unsern Geist auf Einklang, Wahrheit und Schönheit richten; wenn wir loswerden wollen, was bitter und widerwärtig ist, müssen wir uns vorstellen, was süß und heilsam ist. Entgegengesetzte Gedanken können nicht gleichzeitig im Geist wohnen, deshalb müssen wir es uns zur anderen Natur machen, alle die feindlichen Gedanken durch freundliche auszutreiben, damit sie nicht ihre hässlichen Bilder in unseren Geist eingraben. Wir sollten uns früh schon angewöhnen, alle unangenehmen, ungesunden und lebensfeindlichen Gedanken loszuwerden, die Welt jeden Morgen mit frischgewaschenen Augen anzusehen und aus unserer Bildersammlung alle widerwärtigen Bilder zu entfernen und bloß angenehme und lebensfrohe aufzuhängen.

Stell dir nur einmal vor, ein Mann wie Roosevelt wollte jeden Morgen erst bei seiner Stimmung anfragen, ob er seine Pflicht tun könne, „ob es ihm danach zumute sei"! Stell dir vor, dass ein Mann in solcher Stellung, wenn die Wohlfahrt eines ganzen Volkes auf dem Spiel steht, von seinen Stimmungen abhängig wäre! Ganz gleich, ob du aufgelegt bist oder nicht, bejahe tapfer, dass du aufgelegt sein musst, dass du aufgelegt sein willst und dass du aufgelegt bist, dein Bestes zu leisten. Sage das mit vollem Bedacht, bejahe es kräftig, und es wird dann auch wirklich so sein. Wenn du wieder einmal in Schwierigkeiten bist und dich entmutigt fühlst, dann mache doch den Versuch, kräftig und andauernd zu bejahen, dass alles gut gehen muss, denn du lebst in Gottes Welt. Beharre in dieser Bejahung, und du wirst mit Staunen sehen, wie unglückliche Stimmungen und ungünstige Umstände miteinander verschwinden.

Wenn dann die üble Stimmung wieder einmal kommen will, dann nimm dich selbst beiseite und sprich ernstlich mit dir selber, wie du mit einem Kind oder Freund sprechen würdest, die du in ganz mutloser Stimmung fändest. Sehr gut ist es, wenn du es einrichten kannst, vorher ein Bad zu nehmen und dich gut anzuziehen. Sprich Worte etwa folgenden Inhalts zu dir: „Dies ist ein unnatürlicher Zustand. Das Ewige und Wirkliche ist nur die Harmonie. Der Missklang ist bloß die Abwesenheit der Harmonie und gar nichts an sich Wirkliches."
Nach einiger Übung wird es dir leicht werden, den Himmel deines Geistes von allen dunklen Wolken zu klären.

Wir haben es doch schon öfter erfahren, auf welche Weise solche Stimmungen vorübergingen. Es war etwa ein Jugendfreund oder Schulgenosse zu uns gekommen oder ein recht lustiger Bekannter, oder wir hatten eine Reise gemacht, oder es begegnete uns irgendetwas recht Angenehmes – jedenfalls war es immer das Gegenteil der trüben Stimmung, das dann über sie Herr wurde. Daraus können wir lernen, dass es jedes Mal der entgegengesetzte Gedankeninhalt ist, der die üblen Gedanken vertreibt, gerade wie die Finsternis dem eindringenden Licht weicht. Deshalb tue gleich dazu, wenn du fühlst, dass die trübe Stimmung kommen will, dann lass alles liegen, was du gerade tust, und erfülle deinen Geist mit frohen Gedanken, wenn es dir auch zuerst schwer wird.

Wenn du genau nachprüfst, warum dich eine solche Stimmung überfällt, so wirst du bald dahinter kommen, dass es oft rein körperliche Ursachen sind; du bist erschöpft, du hast dich überarbeitet, vielleicht allerdings auch bloß – überessen oder hast sonstwie unregelmäßig gelebt. Versuche es mit harmlosem Zeitvertreib, der dich unterhält und zum Lachen bringt. Manchen genügt dazu schon das lustige Spielen mit ihren Kindern, andere nehmen ein komisches Theaterstück zu Hilfe, andere eine leichte aber heitere Unterhaltung mit Bekannten, wieder andere versenken sich in ein gutes Buch. Wenn du es fertig bringst, so wird dir auch ein Stündchen Schlaf recht gut tun.

Ein Bekannter von mir bekommt die beste Erfrischung, wie er sagt, wenn er müde und abgespannt heimkommt, dadurch, dass er ein erfrischendes Bad nimmt und sich für den Abend hübsch anzieht. Er fühlt sich dadurch wie neugeboren. Es ist auch ganz gut möglich, dass unsere Sorgen und unser Trübsinn irgendwie an den Kleidern haften, die wir den Tag über getragen haben und die von unserer Ausdünstung durchdrungen sind, so dass der Wechsel der Kleider eine Veränderung des uns umgebenden Dunstkreises bewirkt.

Du musst selbst ausfindig machen, wie du am besten und am schnellsten deine geistige Haltung ändern kannst. Auf alle Fälle musst du über das, was dich niederdrückt, irgendwie Herr werden und aus dem trüben Schatten in das frohe Licht gelangen. Denn wenn du es recht überlegst, so ist es doch nicht bloß eine Torheit, sondern fast ein Verbrechen, in dieser schönen Welt, die voll ist von frohen und angenehmen Dingen und von den herrlichsten Möglichkeiten für uns, umherzuschleichen mit trübem niedergeschlagenem Antlitz, als ob das Leben selbst eine Enttäuschung sei.

Mach es dir zur Gewohnheit, alles aus deinem Gedächtnis zu streichen, was dir unangenehm und widerwärtig ist, alles, was dir Leiden schafft, was dich zurückhält in deinem

Vorwärtsschreiten. Die Bilder von solchen peinlichen Erfahrungen dürfen in deinem Geist gar nicht erst wieder lebendig werden; ihnen gegenüber gibt es nur eine einzige Regel: Vergessen!

Wenn man bei solchen Erinnerungen verweilt, so werden sie immer stärker, düsterer und peinlicher, deshalb musst du sie aus deinem Gedächtnis hinauswerfen, wie einen Einbrecher aus dem Haus.

Ein Nervenarzt schlägt das folgende Mittel gegen trübe Stimmung vor: Man solle versuchen, zu lachen, auch wenn es einem ganz und gar nicht so zumute ist, ja es genüge schon die äußere Gebärde des Lächelns, das Hinaufziehen der Mundwinkel, um die Nervenbahnen zu öffnen, auf denen sonst der Strom der Heiterkeit fließt.

Vor allem lass dir den Blick auf die Zukunft nicht trüben oder beeinflussen durch die Schwierigkeiten, die dich vielleicht in der Gegenwart bedrücken. Die dunklen Wolken, die dir heute die Sonne verdecken, können sich bis morgen längst in Nichts aufgelöst haben. Du musst das Leben unter dem richtigen Gesichtswinkel ansehen und die Dinge nach ihrem wahren Wert einschätzen lernen.

Es gibt in jedem halbwegs kraftvollen Leben Augenblicke, in denen es aussieht, als ob ein Rückzug näher läge und leichter wäre als weiteres Fortschreiten. Aber durch den Rückzug wird kein Sieg erfochten; deshalb dürfen wir uns gar keine Brücke oder Straße dazu offen lassen, weil das nur eine Versuchung für unsere eigene Schwäche und Unentschlossenheit wäre. Wir müssen jedoch Entschlusskraft und Ausdauer genug haben, um auch auf dunklem Weg und über anscheinend unübersteigbare Hindernisse hinweg vorwärts zu gehen.

Wir sind selber unsere schlimmsten Feinde, wir lassen uns das Spiel unsres Lebens so oft verderben durch unsere eigenen herabziehenden Gedanken und dunklen Stimmungen, während doch alles darauf ankommt, dass wir Mut und Glauben an uns selber haben, dass wir froh und hoffnungsvoll in die Zukunft sehen.

Wenn es dann aber einmal schief geht, bei der ersten widerwärtigen Erfahrung, in der ersten Stunde der Entmutigung, da lassen wir alle zerstörenden Gedanken, Zweifel, Furcht und Entmutigung in unserem Geist hausen, wie den Stier im Glasladen, und was wir vielleicht in Jahren aufgebaut haben, zerstört ein Tag, und wir können wieder von vorn anfangen. Wir machen es wie der Frosch im Brunnen; wir klettern empor, bloß um wieder hinunter zu fallen.

Wann werden wir endlich lernen, dass zerstörende Gedanken gefährliche Feinde sind?

Ein Künstler kann ein Bild, an dem er jahrelang gemalt hat, mit einem einzigen Pinselstrich zerstören. So kann auch unser Geist das Bild unseres Lebens, an dem wir viele Jahre gearbeitet haben, in allerkürzester Zeit durch Sorge, Ärger, Neid, Trübsinn und andere derartige Gedanken vollständig vernichten.

Wenn du dich wieder einmal entmutigt fühlst, dann wende dich von diesem Gedanken vollständig ab und drehe dich geistig ganz herum. Bleib stehen, wende dein Gesicht nach der entgegengesetzten Seite und gehe nun in dieser Richtung vorwärts.

So oft du denkst, es werde dir schlecht gehen, so oft trägst du dazu bei, dass es dir wirklich schlecht geht. Wenn du aber Blick und Gedanken nach der entgegengesetzten Seite lenkst, so änderst du deine Erwartung von der Zukunft und damit deine Zukunft selber.

Halte dich auch hier an Goethes Worte:

„Ich habe geglaubt, nun glaub ich erst recht,
und geht es auch wunderlich, geht es auch schlecht,
ich bleibe beim gläubigen Orden.
So düster es oft und so dunkel es war,
in drängenden Nöten, in naher Gefahr,
auf einmal ist's lichter geworden.“

Wenn einem im Leben
nichts gelingt,
so liegt der Grund
fast immer
darin, dass er es nicht versteht,
vor seinen Schwächen
auf der Hut zu sein
und sich von ihnen
frei zu machen.

7. Geändertes Denken – geänderter Mensch

Vor vielen Jahren war die Stadt New York von einer merkwürdigen Plage heimgesucht. Im jetzigen Centralpark und in Teilen der jetzigen Oberstadt ließen sich die so genannten „Squatter" nieder, gewalttätige Ansiedler, die auf leeren Plätzen allerhand rohe Hütten erbauten und den wirklichen Besitzern, erst recht wenn diese längere Zeit nicht zur Stelle waren, große Schwierigkeiten bereiteten, indem sie auf ihre tatsächliche Niederlassung pochend ihnen das Besitzrecht abstritten.

Es gibt aber auch noch andere derartige gewalttätige und unrechtmäßige Ansiedler, die manchen Leuten viel zu schaffen machen. Das sind schlimme Gedanken, Vorurteile, Engherzigkeit, Aberglauben, Ängstlichkeit, Neid und Eifersucht und verschiedene kleine Eigentümlichkeiten, die zuerst ganz harmlos erscheinen, aber sich schließlich derart festsetzen, dass man sie nur schwer wieder loswerden kann.

Es muss doch recht schwer einzusehen sein, was sich uns heute mehr und mehr enthüllt und was doch unsere großen Denker und Dichter schon lange erkannt haben, ja was bereits in den klarsten Worten ausgesprochen ist; ich meine den Satz:

„Es ist der Geist, der sich den Körper baut."

Das muss aber ganz wörtlich verstanden und wirklich auf unseren Geist und unseren Körper angewendet werden. Es gibt aber jetzt schon Leute, die die Wahrheit dieses Satzes eingesehen haben und deshalb imstande waren, im Laufe eines einzigen Jahres ihr Gesicht derart zu verändern, dass man sie kaum wiedererkennt. Und das Mittel dazu war fortgesetztes „rechtes Denken". Ihr Gesicht trug die deutlichen

Zeichen der Unsicherheit, der Furcht, Ängstlichkeit und Sorge eingegraben und strahlt jetzt von Hoffnung, Frohsinn und Freude.

Schon der Apostel Paulus verstand diese Dinge ganz genau, denn wie hätte er sonst sagen können: „Verändert euch durch Erneuerung eures Geistes!"

Wo Wachstum ist, da findet der Verfall keinen Raum. So lange wir wachsen und unseren Geist erneuern, können die Vorgänge der Rückbildung, Entartung und Verschlechterung nicht eintreten. In uns geht beständig und gesetzmäßig eine Erneuerung und Auffrischung der Stoffe und Kräfte vor sich, die nur durch entgegengesetzt gerichtete Gedanken und unharmonische Stimmungen aufgehalten werden. Schon viele haben die überraschende Erfahrung gemacht, wie plötzlich die düsteren Wolken in ihrem Geist verschwanden, der Sonnenschein des Frohsinns strahlte und ihr ganzer Ausblick aufs Leben sich veränderte. Und immer waren es Gedanken an gute, liebe, schöne Dinge, die den geistigen Zustand so veränderten.

Man denkt meistens, das Gehirn sei keiner größeren Veränderung fähig, alles wäre hier durch Vererbung festgelegt und es könne sich ja nur noch um geringe Verfeinerungen handeln. Aber es gibt eine Reihe von Beispielen, dass Menschen ganze Teile ihres Gehirns verändert haben und Fähigkeiten, die von Geburt an oder durch Mangel an Übung schwach waren, so stark entwickelten, dass Fähigkeiten, die fast vollkommen fehlten, jetzt in den Mittelpunkt des ganzen Wesens rückten.

Nehmen wir als Beispiel den Mut. Es gibt ja Menschen, denen ursprünglich diese Eigenschaft so sehr fehlte, dass ihnen damit fast jede Aussicht auf die Zukunft genommen wurde. Aber verständige Erziehung durch Eltern und Lehrer hat das Fehlende ergänzt und schließlich sogar zu besonderer Stärke entwickelt, so dass diese Menschen ihrem Mut wirkliche und große Erfolge verdanken. Die Mittel bei dieser Erziehung bestanden darin, dass das Selbstvertrauen gepflegt und der Gedanke des Mutes immer lebendig erhalten wurden, indem man dem Jungen tapfere Taten und das Leben großer Helden erzählte und ihm die Überzeugung beibrachte, dass Furcht keine wirkliche Eigenschaft sei, sondern nur in der Abwesenheit des natürlichen und jedem Menschen angeborenen Mutes bestehe. Dazu treten natürlich noch wirkliche Übungen im mutigen Handeln.

Das Gehirn wird verändert durch die Art seiner Tätigkeit, durch die Beweggründe des Handelns und durch die Umstände, die für den Menschen eintreten. Das Gehirn eines Menschen, der ein Leben anstrengender Arbeit in der Stadt führt, ist ganz verschieden von dem Gehirn dessen, der in ruhiger, regelmäßiger Tätigkeit auf dem Land lebt. Die vielen Eindrücke, die das Stadtleben beständig auf das Gehirn macht, lassen es sich ganz anders entwickeln. Der Bewohner der Großstadt denkt schneller und schärfer, weil so vielerlei von ihm verlangt wird, und ist ein anderer Mensch als der Landmann.

Das Gehirn kann sich sehr leicht an veränderte Umstände anpassen. Jeder Beruf stellt andere Anforderungen und entwickelt andere Fähigkeiten und Eigenschaften, welchen sich das Gehirn anpasst. Zwischen einem Prediger oder Gelehrten und einem Geschäftsmann besteht in diesem Stück ein großer Unterschied; ebenso entwickelt der, der andere zu führen hat, wieder ganz besondere Eigenschaften.

Eine Umgebung, die den Ehrgeiz anregt, wirkt sehr stark auf die Veränderung und Entwicklung des Gehirns ein. Ein Junge, der in einer spärlich bevölkerten Gegend geboren und aufgewachsen ist, hat vielleicht hervorragende Anlagen auf einem ganz bestimmten Gebiet, aber sie entwickeln sich nicht, weil der rechte Antrieb dazu fehlt. Wenn er nun aber in die Stadt geht und dort sein Ehrgeiz erregt wird, so kann sich der ganze Bau seines Gehirns verändern. Wie oft sehen wir auf der Schule oder Hochschule solche plötzlichen Veränderungen mit jungen Leuten vor sich gehen. Die Reibung mit Anderen und die ansteckende Wirkung des Ehrgeizes geben dem jungen Mann eine Ahnung der Kräfte, die in ihm liegen und von deren Vorhandensein er vorher vielleicht gar nichts wusste, und so ändert sich seine ganze Laufbahn.

Es gibt Fälle, wo schlummernde Anlagen durch Wechsel der Stellung und Beschäftigung zu lebhafter Entfaltung gebracht wurden.

Wir sind erst im Begriff, die Möglichkeiten der Gehirnentwicklung einigermaßen zu erkennen und etwas von den Geheimnissen der Gehirnveränderung und Charakterbildung zu verstehen, die sicherlich noch unsere ganze Art der Erziehung umwälzen und erneuern werden. Lehrer und Eltern werden künftig Kenntnisse über das Gehirn haben müssen; sie müssen es verstehen, wie man mangelnde Anlagen entwickelt und stärkt, indem man Gehirnzellen bildet oder vergrößert.

Der kürzlich verstorbene weltbekannte Professor James in Harvard sagte, dass der leichteste Gedanke das Gehirn verändert und seine Spuren zurücklässt. Gute wie schlimme Gedanken hinterlassen ihre Eindrücke, und wenn sie öfter wiederholt werden, so bilden sie nicht bloß eine geistige Gewohnheit, sondern sie verändern auch den Aufbau des Gehirns immer stärker, so dass die Umkehr von dieser Denkrichtung immer schwerer wird. Ein liebevoller Charakter wird durch Gedanken des Hasses oder der Rachsucht hart und hässlich. Wenn du dagegen umgekehrt ein liebevolles Wesen entwickeln willst, so weißt du im Voraus, dass du das mit gehässigen, neidischen, lieblosen Gedanken niemals erreichen wirst.

Halte nur einen bestimmten Gedanken im Geist beständig fest, bis er sich im wahrsten Sinn des Wortes in das Gehirn eingeprägt hat – dann hast du zugleich deinen Charakter in dieser bestimmten Richtung beeinflusst; bedeutet das Wort Charakter doch wörtlich „das Eingegrabene". Auf diese Weise bildet sich eine neue Gewohnheit aus, und du bist in dieser bestimmten Beziehung ein neuer Mensch geworden.

Wenn ein Mensch mit guten Anlagen empfindet, dass ihm bestimmte Fähigkeiten fehlen, deren Besitz außerordentlich wertvoll und nützlich für sein Fortkommen wäre, so liegt das oft nur daran, dass die betreffenden Gehirnteile aus Mangel an Übung nicht genug entwickelt sind, und es ist durchaus möglich, sie allmählich zu entwickeln und so jene fehlenden Fähigkeiten zu erzeugen. Du musst in diesem Fall deine Gedanken fest und energisch auf die Eigenschaft sammeln, die du haben möchtest; das stärkt die betreffenden Gehirnzellen. Wenn du aber schwankend und ohne Entschlusskraft bist, so bejahe ständig, dass du fähig bist, ruhige, feste und endgültige Entschließungen zu treffen, und lass den Gedanken gar nicht erst aufkommen, dass du in diesem Punkt schwach seiest.

Die Wissenschaft der Gehirnbildung wird uns gewiss auch noch lehren, wie man ungünstige Eigenheiten überwindet und Schwächen in Stärken verwandelt. Wir werden erkennen, dass die allseitige Entwicklung des Gehirns das ist, was uns stark macht, und dass es nicht richtig ist, eine oder einige Fähigkeiten zu entwickeln und andere ebenso wichtige verkümmern zu lassen, denn diese einseitigen Entwicklungen sind ein Fluch unsrer heutigen Zeitumstände und eine beständige Bedrohung der Gesundheit.

Wenn du eine mangelnde oder schlecht entwickelte Fähigkeit ausbauen willst, so stelle sie dir in vollkommener Form
recht deutlich vor und verbanne das Bild der Schwäche und
des Mangels. Denke und handle so, als wenn du sie schon
hättest, und versuche in jeder Weise, sie zu üben; dann
werden neue und stärkere Zellen sich bilden und die schwachen neue Kraft erlangen.

Du musst lernen, den Besitz dessen, was dir fehlt, energisch zu bejahen. Halte dir stets vor, dass das Vermisste dir
rechtmäßig zusteht und dass du unter keinen Umständen
darauf verzichten willst.

Wir werden das, was wir werden wollen. Wenn wir immerfort nach Besserem, Höherem und Edlerem streben, so
kann es gar nicht anders sein, als dass wir in alledem zunehmen. Das Streben, das im Vordergrund unseres Geistes
steht, prägt und wirkt sich in unserem Leben aus, und wenn
es niedrig, schmutzig und tierisch ist, dann werden sich entsprechende Eigenschaften in uns entwickeln, denn die Wirklichkeit folgt unserem Ideal.

Viele Menschen glauben, alle Fähigkeiten seien eine
Sache der Vererbung und könnten höchstens etwas geübt
und ausgebildet, aber nicht verstärkt oder gar erzeugt werden. Aber wir sind jetzt eben im Begriff, zu erkennen, dass
jede geistige Fähigkeit ganz gewaltig verstärkt und die Leistungsfähigkeit unseres Gehirns durch eine planmäßige Ge-
dankenbildung ungemein vergrößert werden kann, und zwar
in verhältnismäßig kurzer Zeit.

Die Zeit ist nicht mehr fern, wo es eines der Hauptziele
der Erziehung und Bildung sein wird, den Geist gleichmäßig
auszubilden und die schwachen Gehirnzellen zum Zwecke
der Entwicklung fehlender oder schwacher Fähigkeiten zu
stärken, indem man die Gehirnteile übt, die die Leitung an
der betreffenden Stelle innehaben. Wir werden schließlich

noch einsehen, dass lasterhafte und verbrecherische Triebe, sogar wenn sie geerbt sind, durch verständige Behandlung aus dem Gehirn herausgebracht werden können.

Statt einen Mangel oder eine Schwäche unmittelbar zu bekämpfen, ist es besser, die entgegengesetzte Eigenschaft zu pflegen, dann wird das Unerwünschte rasch absterben. Das Streben nach etwas Besserem und Höherem ist das beste Gegenmittel gegen niedrige Züge, die man loswerden möchte. Wenn man sich daran gewöhnt, immer nach Höherem zu streben, so stirbt das Niedere aus Mangel an Pflege ab, denn nur das entwickelt sich in uns, was wir nähren und pflegen.

Wenn man früher geglaubt hat, geistige Eigenschaften und Fähigkeiten könnten nicht gepflegt oder geändert werden, so ist man davon heute ganz abgekommen. Wir haben Kindergartenspiele, durch die man die verschiedenen Fähigkeiten zu entwickeln sucht, und da hat sich gezeigt, dass bei den „Mutspielen" die zaghaften und scheuen Kinder allmählich mehr Zuversicht gewinnen und bei zunehmender Übung und Kenntnis ihre Scheu und Furchtsamkeit ganz und gar verlieren. Auch die Spiele zur Erweckung frohen Sinnes haben großen Einfluss besonders auf Kinder, die zu Hause wenig Frohes erleben und deshalb zu Trübsinn geneigt sind. Ihr ganzer Ausdruck verändert sich sehr rasch unter der Einwirkung dieser Spiele.

Es gehört zum Grausamsten, was man tun kann, einem Menschen wegen seiner Unvollkommenheit, Eigenheit oder Schwäche auch noch Vorwürfe zu machen. Was ein solcher braucht, ist nicht noch Erschwerung seines an sich schon schlimmen Zustandes, sondern Ermutigung und Hilfe.

Wenn ein Mädchen ein weniger schönes Gesicht hat als seine Altersgenossinnen, so sollte man sie nicht immer an diesen Mangel erinnern, sondern man sollte sie lehren, sich das Ideal der Schönheit so lange vor Augen zu stellen, bis es ihren Ausdruck verändert. Sie sollte lernen, dass Seelenschönheit etwa tausendmal Herrlicheres ist als körperliche Schönheit, und dass sie sich durch geistiges Vorwärtsstreben und durch hilfsbereite Güte so anziehend machen kann, dass niemand einen äußerlichen Mangel bei ihr beachtet.

Viele Menschen lassen ihren Geist durch Unwissenheit und Vorurteile in Fesseln schlagen und durch Sorge, Furcht und Ängstlichkeit so verunstalten, dass sie nicht den zehnten Teil der Kraft entwickeln, die ihnen angeboren ist. Sie wissen gar nicht, was volle Freiheit ist, so sehr ist ihr Geist gebunden durch Furcht, Hass oder Leidenschaft. Aber es ist gar nicht so schwer, derartige Zustände zu heilen, wenn wir nur wissen, wie die Bildung einer Gewohnheit vor sich geht. Die ganze Kunst besteht gewissermaßen darin, dass wir den Knäuel gerade in der entgegengesetzten Richtung abwickeln, wie er aufgewickelt wurde.

Nehmen wir als Beispiel den Jähzorn. Die Selbstbeherrschung ist dann nicht mehr übermäßig schwer, wenn du den Brennstoff entfernst, der dir das Blut erhitzt. Wenn du aber das Feuer noch durch zornige Worte und eine zornige Haltung schürst, wenn du die Stimme erhebst, die Fäuste ballst und körperlich dem Zorn freien Lauf lässt, so kannst du dich in wenig Augenblicken in eine wirkliche Wut hineinarbeiten. Stattdessen musst du sorgfältig alle Bewegungen unterlassen, die der Zorn dir eingibt. Du musst versuchen, Gedanken der Liebe, der Güte, des Wohlwollens zu fassen, wenn es zunächst auch nur ganz äußerlich gelingen will und bei bloßem Denken in Worten bleibt, ohne dass dein Gefühl sich sofort mitverwandelt. Aber du wirst sehen, wie rasch bei diesen Gegenmitteln das Feuer erlischt.

Die Mutter erweckt im Kind die idealen Eigenschaften, die sie in ihm sieht. Manche Mütter machen den Fehler, an ihren Kindern nur das Schlechte zu sehen und es unmittelbar, statt durch sein Gegenteil zu bekämpfen. Aber das ist ebenso töricht und aussichtslos, als wollte man aus einem Raum die Dunkelheit unmittelbar herausschaffen, statt einfach die Läden zu öffnen und das Licht hereinzulassen.

Man fängt jetzt an, einzusehen, dass man aus Kindern oder Zöglingen genau die Eigenschaften herauslockt, die man in sie hineinsieht, denn derartige beeinflussende Gedanken erzeugen Verwandtes in ihnen. Der Zögling fühlt die Gedanken seines Erziehers; wenn diese idealer Art sind, so wird er ihnen ähnlich; beschäftigen sie sich aber zu unmittelbar mit seinen Fehlern, wenn auch natürlich nur, um ihn davon zu befreien, so drücken sie ihm diese nur umso tiefer und untilgbarer ein.

Dasselbe gilt von unsrer eigenen Entwicklung. Wenn wir zu viel an unsere mangelhaften Eigenschaften denken, so vertiefen wir nur ihre Bilder in unsrem Bewusstsein und sie wirken umso stärker auf uns ein. Wenn wir uns dagegen das Ideal des besseren Menschen vor Augen stellen, der wir eigentlich sein möchten, denn dann öffnen wir uns den herrlichen Möglichkeiten, die in unserer gottgewollten Entwicklung angelegt sind.

Manche Geistliche hatten deshalb einen so guten und bessernden Einfluss auf heruntergekommene Menschen, weil sie auch in ihnen noch das Göttliche sahen und niemals die Hoffnung aufgaben, dass aus ihnen noch etwas Tüchtiges werden könne. Ohne diese Hoffnung kann kein Mensch dem anderen helfen.

Die Welt hat Riesenfortschritte gemacht in der Beherrschung der Naturkräfte und in der Erfindung zeit- und geldsparender Arbeitsformen. Aber in der Kunst, die Menschen durch wissenschaftlich geübte Bildung und Änderung des Geistes zu heben, sind wir noch nicht sehr weit gekommen.

Der Arzt der Zukunft wird in der Seelenkunde genauere Kenntnisse haben und die Menschen dadurch beeinflussen, dass er sie lehrt, ihren Gedanken die richtige Richtung zu geben, weil richtiges Denken ein gutes Leben erschafft und sie durch Änderung ihres Denkens auch ihr Leben ändern können. Das hat auch in Bezug auf die leibliche Gesundheit weitgehende Geltung. Jegliche Versuche auf diesem Gebiet müssen ausgehen von einer Änderung der geistigen Haltung. Je stärker das Bild der Krankheit aus dem Geist verdrängt wird und je lebhafter an seine Stelle die Vorstellung des göttlichen Ebenbildes in seiner ganzen Vollkommenheit tritt, desto größer ist der Erfolg, denn mit dem Geist ändert sich der ganze Mensch.

Durch Furcht und Sorge
ziehen wir gerade das an,
was wir vermeiden möchten.
Furcht schadet der Gesundheit,
verkürzt das Leben und
lähmt die Arbeitsfähigkeit.

8. Lähmende Furcht

Die Wirkungen, die das Erscheinen des Halleyschen Kometen auf die Unwissenden und Abergläubischen in allen Ländern der Welt ausgeübt hat, waren geradezu erschreckend. Tausende waren wie gelähmt von Furcht und wurden richtig krank vor Schrecken. Wieder andere gestanden längst verübte Untaten ein in der Erwartung, das Jüngste Gericht stehe vor der Tür. In den ärmeren Vierteln von New York und anderen großen Städten durchzogen die Menschen scharenweise mit Kreuzen in der Hand die Straßen, und viele sah man auf die Knie fallen. Unter den Schwarzen der Südstaaten herrschte große Aufregung, eifriger Kirchgang und viele Arbeitsniederlegungen.

Derartige Dinge wären im Mittelalter, wo allgemeine Unkenntnis der Natur herrschte, nicht auffallend gewesen, aber sie sind traurig in unserem erleuchteten und gebildeten Zeitalter. Man sieht, so stolz wir auf unsere Bildung und Geistesfreiheit sind, so bleiben doch große Menschenmassen noch immer die Beute desselben Aberglaubens und derselben Furcht, die schon ihre Vorfahren in Knechtschaft hielt.

Es gibt noch heute viele Frauen, die überzeugt sind, wenn zwei Menschen gleichzeitig in einen Spiegel sehen, oder sich etwas Scharfes oder Spitziges schenken, oder eins dem anderen für eine Nadel dankt, so sei die Freundschaft der beiden auf dem Sprung, sich in Feindschaft zu verwandeln. Wenn man einem jungen Mädchen einen Fingerhut anbietet, so wird sie eine alte Jungfer; wenn man aus dem Haus geht und etwas vergessen hat, so bringt es Unglück, umzukehren und es zu holen, und wenn man nicht anders kann, so muss man sich einen Augenblick auf einen Stuhl setzen, ehe man wieder fortgeht. Wenn man beim Kehren jemand mit dem Besen trifft, so bringt das Unglück, ebenso wenn man seinen Platz bei Tisch wechselt und so weiter.

Ich kenne die Frau des Herausgebers einer bekannten Zeitschrift, die außer sich geriet, als sie bei einem Besuch einen Wandschmuck von Pfauenfedern im Zimmer vorfand; sie sagte den Bewohnern des Zimmers alles mögliche Unheil voraus.

Der Leiter eines Ballspiels, der Hochschulbildung besaß, weigerte sich, das Spiel weitergehen zu lassen, obwohl Tausende von Zuschauern ungeduldig darauf warteten, und verlangte, erst müssten zwei Schlaghölzer, die über Kreuz lagen, auseinandergelegt werden, ansonsten werde das Spiel schiefgehen.

An manchen Orten gilt es als ein Verbrechen, eine leere Wiege anzustoßen; sie bleibt von jetzt ab immer leer, denn die Kinder, die ihrem Eigentümer geboren werden, müssten angeblich alle sterben.

Gebildete Frauen wurden fast krank vor Furcht, weil eine leichte Wunde am Finger sie nötigte, ihren Ehering abzulegen; sie bezogen das Wort „bis der Tod euch scheidet" auf den Ring mit, und die Trennung des Rings vom Finger bedeutete für sie die Trennung der Eheleute.

Wie viele Menschen gibt es heute noch, die nie eine Reise oder ein Unternehmen am Freitag anfangen würden, die nie zu dreizehnt am Tisch sitzen, nie in einem Gasthauszimmer mit der Zahl dreizehn schlafen würden, weshalb bekanntlich auch in den meisten Gasthäusern auf zwölf nicht dreizehn, sondern 12a oder gleich vierzehn folgt.

Die schlimmen Voraussagungen von gewerbsmäßigen Zukunftsverkündigern haben viel Unglück und manchen Tod auf dem Gewissen. Natürlich trifft immer manches ein und ganz besonders dann, sogar im Zusammenhang mit der Voraussagung, wenn alle Gedanken eines leichtgläubigen

Opfers auf das mögliche Eintreten gerichtet sind und so mithelfen, es herbeizuführen. Manches Kind wird richtig verdreht, weil ihm auf irgendeinem Jahrmarkt seine Zukunft vorausgesagt wurde oder weil unwissende Mütter oder Wärterinnen ihm manch abergläubische Vorstellung in den Kopf gesetzt haben.

Solche Leute sagen oft, derartiger Aberglaube sei harmlos; aber nichts ist harmlos, was uns glauben macht, wir seien ein willenloses Werkzeug von Zeichen und Vorbedeutungen und es gebe außer der allmächtigen Weisheit noch eine weitere Macht in der Welt, die ihr entgegenwirkt und uns ins Unglück stürzen will.

Gewiss waren viele große Männer abergläubisch. Aber erstens war das nicht gerade ein Zeichen ihrer Größe und zweitens wären sie ohne diesen Aberglauben noch größer gewesen. Alles, was uns zu dem Glauben verführt, wir hängen von einer Macht ab, die nicht die allmächtige Schöpfermacht ist, und es gebe eine böse Macht, die in die Ordnungen und Gesetze der Welt eingreifen kann, alles das vermindert unsere Achtung vor uns selbst als einem Teil der Schöpfermacht und schwächt unser Selbstvertrauen.

Vernünftige Leute lächeln wohl milde, wenn du deinen Aberglauben vor ihnen auskramst, aber sie denken gewiss auch geringer von dir, und ihr Vertrauen in deine Vernünftigkeit und dein gesundes Urteil bekommt doch einen Stoß.

Wenn du recht viel in der Welt leisten willst, so musst du die Fesseln solchen Aberglaubens brechen, denn er hindert dich daran, dass du dich auf dich selbst und deine eigene Kraft verlässt. Niemand kann wahrhaft Großes leisten, der nicht geistig frei ist von der Knechtschaft des Aberglaubens und der Furcht überhaupt.

Furcht ist eine schlimme Zerstörerin der Kraft. Sie lähmt das Denken und tötet die Entschlussfreudigkeit, die Begeisterung und das Selbstvertrauen. Sie übt einen vernichtenden Einfluss auf alles Denken, Fühlen und Wollen aus und macht jedes Streben und jede Leistung unmöglich.

Neulich wurde einmal veröffentlicht, dass zweitausendfünfhundert Menschen angegeben hätten, was sie fürchten, und es kamen über siebentausend verschiedene Arten von Furcht dabei zu Tage. Ich nenne nur einiges von dem, wovor diese Menschen sich fürchten: Verlust der Stellung, Armut, Ansteckung, den Ausbruch einer verborgenen oder geerbten Krankheit, Verlust der Gesundheit überhaupt, Tod, lebendig Begrabenwerden und dazu noch zahlreicher Aberglaube.

Tausende von Menschen sind beständig von Furcht vor einem drohenden Übel erfüllt, selbst in ihren glücklichsten Augenblicken, die ihnen dadurch auf das Schlimmste vergiftet werden. Die Furcht sitzt wie Banquos Geist mit ihnen zu Tisch, sie durchdringt ihr ganzes Leben und prägt sich in ihrer Zaghaftigkeit und ihrem scheuen Wesen aus.

Viele Menschen haben Furcht vor bestimmten Krankheiten und malen sich die Leiden und schlimmen Folgen so anschaulich aus, dass sie ihre Verdauung damit stören, die Widerstandskraft ihres Körpers vermindern und nun leichter als andere eine angeborene Schwäche bis zum Ausbruch einer wirklichen Krankheit steigern.

Es ist bekannt, dass während Seuchen Leute vor Furcht erkrankt sind, noch ehe eine Ansteckung überhaupt erfolgen konnte.

Diese Wirkungen der Furcht sind bekannt, und man kann sie auch erklären. Alles, was uns froh macht und angenehme Gefühle erweckt, das lässt die Blutgefäße erschlaffen oder sich erweitern und so das Blut frei kreisen; alles dagegen, was uns niedergeschlagen macht und bedrückt, verwirrt oder mit Sorge erfüllt, also alle Formen der Furcht im weitesten Sinne, das zieht die Blutgefäße zusammen und hemmt den Blutkreislauf. Schon das Erblassen des Gesichts bei Furcht oder Schrecken zeigt diese Wirkung.

Wenn nun schon ein plötzlicher Schrecken den Nerven einen solchen Stoß zu geben vermag, dass das Haar in wenigen Stunden weiß wird, was sollen wir da sagen von dem Einfluss, den das über Jahre hindurch wirkende Gift der Sorge und Furcht auf den ganzen Körper ausübt?

Andauernde Furcht und Sorge ist der reine Selbstmord. Die wenigsten Menschen bedenken, dass der Körper dadurch fortwährend vergiftet wird. Man sollte doch meinen, die Menschheit müsste endlich im Laufe der Jahrtausende diese Gefahr erkannt haben, die ihr von diesen ihren allerschlimmsten Feinden droht – aber noch heute sind wir von der Wiege bis zum Grab ihrem Ansturm ausgesetzt, den wir doch so leicht abschlagen können, wenn wir nur unseren Gedanken die entgegengesetzte Richtung geben.

Wie viel Furcht und Leiden wird durch die missverstandenen Vorstellungen der Vererbung verursacht! Man stelle sich ein Kind vor, das davon gehört hat, dass es erbliche Krankheiten gebe, die erst in späteren Lebensjahren zum Ausbruch kommen, und das nun mit der Vorstellung aufwächst, eine solche Krankheit, etwa Krebs, Schwindsucht oder Wahnsinn, liege in ihm und warte nur auf ein bestimmtes Lebensalter, um in die Erscheinung zu treten!

Kinder, die in einem Dunstkreis von Furcht leben, entfalten sich nicht recht, sondern ihre Entwicklung wird aufgehalten, ihr Körper erreicht das richtige Wachstum gar nicht, die Blutgefäße bleiben klein, der Kreislauf langsam und das Herz schwächlich – alles unter dem Einfluss der Furcht.

Die Furcht wirkt besonders schrecklich durch die Einbildungskraft, die sich die schrecklichsten Dinge vorstellt. Dagegen ist der Glaube das beste Mittel, denn wenn die Furcht die dunklen Wolken sieht, dann sieht der Glaube den Silbersaum an ihr und die Sonne hinter ihr. Die Furcht blickt zur Erde und erwartet das Schlimmste; der Glaube blickt zur Sonne und hofft das Beste. Wenn der Glaube herrscht, so ist die Furcht vor dem Übel machtlos. Starker Glaube verlängert das Leben, denn er blickt über das Widerwärtige von heute weg und in eine frohe Zukunft; er weiß, dass alles gut ausgeht, denn er sieht das den leiblichen Augen noch verborgene Ziel.

Das Wort Glaube hat hier nicht ganz dieselbe Bedeutung wie auf dem Gebiet der Religion, aber es ist doch auch „eine gewisse Zuversicht des, das man hofft, und ein Nichtzweifeln an dem, das man nicht sieht."

Was dir auch fehlt, lege alles in die Hand des Glaubens. Tue dein Bestes und habe Glauben; das ist der große Wundertäter für alle Zeiten.

Wer immer von Sorgen gequält wird, dem fehlt es an Glauben. Wer aber des getrosten Glaubens lebt, dass eine Macht voll unendlicher Weisheit die Welt leitet und lenkt, dass alles geschieht nach dem Willen eines allwissenden und allmächtigen Gedankens, dass jeder Missklang sich schließlich in Einklang auflösen wird, dass die Wahrheit am Ende über jeden Irrtum siegt, dass alles, auch das Rätselhafteste, was geschieht, im Plan der Menschheitsentwicklung vorgesehen ist und ihm dienen muss. – Wer solchen Glauben hat, der sorgt sich nicht. Keine Enttäuschung, kein Verlust bringt ihn aus dem Gleichgewicht, denn sein Glaube sieht nach der Niederlage von heute schon den Sieg von morgen.

Das Geheimnis jedes Erfolges liegt darin, dass man seinen Geist kraftvoll auf den einen Punkt des Ziels gesammelt hält. Aber Furcht und Sorge hindern uns daran und vernichten so unsere schöpferische Kraft. Nicht das wirkliche

Leiden, sondern nur das eingebildete, das gar nicht wirkliche, das die Furcht uns schon als gegenwärtiges erleben lässt, das macht uns früh alt und raubt uns allen Lebensgenuss.

In fast allen Religionen spielt die Furcht eine große Rolle. Die Priesterschaft des Mittelalters benutzte sie als das beste Mittel, die unwissenden Volksmassen in der Kirche und unter ihrer Botmäßigkeit zu halten. Die Unwissenheit ist so empfänglich für die Furcht, dass die Versuchung, daraus Vorteil zu ziehen, zu allen Zeiten der Menschheitsgeschichte sehr groß war.

Wer kann die schauderhaften Wirkungen ermessen, die die Furcht vor einer körperlichen Hölle mit ewigen Strafen ausübte? Jahrhundertelang hat diese Lehre den menschlichen Geist im Düster gehalten. Der leitende Gedanke beim Ursprung aller Kirchen war der, einen Weg zu finden, auf dem man von der Furcht in ihren schlimmsten Formen frei wird. Und doch haben dieselben Kirchen die Entwicklung der Furcht in hohem Grad begünstigt, indem sie sie als Mittel benutzten.

Was ist eigentlich Furcht? Woher kommt ihre Macht, das Leben so schwach, arm und leistungsunfähig zu machen? Sie hat doch gar keine Wirklichkeit. Sie ist bloß eine Einbildung, ein Trugbild der Einbildungskraft, und sobald wir das einsehen, verliert sie ihre Macht über uns. Wenn wir alle auf die richtige Weise erzogen und ausgebildet wären, wenn unser Blick weit genug wäre, um zu sehen, dass nichts, was außer uns ist, uns schädigen kann, dann könnte keinerlei Furcht bei uns aufkommen.

Ich stimme nicht mit einem Arzt überein, der neulich behauptet hat, das Gefühl der Furcht sei für den menschlichen Geist ebenso natürlich als das des Mutes. Nichts ist natürlich, was das Leben hemmt, die Kraft lähmt, das Selbstvertrauen tötet. Dieser Arzt verwechselt offenbar Vorsicht, Voraussicht oder Klugheit mit Furcht. Diese sind uns verliehen zum Schutz vor Gefahren, denn sie warnen uns, etwas zu tun, was für uns schädlich sein könnte. Aber in der Furcht selbst, wenigstens so wie das Wort gewöhnlich gebraucht wird, liegt keine helfende und bewahrende Kraft; im Gegenteil, sie hemmt alle natürlichen Betätigungen unseres Geistes, die doch zu unserem Besten wirken sollen.

Wir Amerikaner sind als Volk zu nüchtern, zu düster und nehmen das Leben zu ernst. In unsern Religions- und Glaubensformen ist zu viel Furcht und Ängstlichkeit, zu viel Trübsinn und Ernst und zu wenig Freude und Glücksgefühl, zu viel Schatten und zu wenig Sonnenschein, zu viel von der Zukunft und zu wenig von der Gegenwart.

Wir können einen Furchtgedanken unschädlich machen, wenn wir sein natürliches Gegengift, den Mutgedanken, den Glaubensgedanken hervorrufen, ebenso wie man die schädliche Wirkung einer Säure durch ein Alkali aufhebt.

Die Sorge ist nur eine Unterart der Furcht und gedeiht am besten, wo etwas nicht in Ordnung ist. Sie kann von dem Menschen gar nicht Besitz ergreifen, wenn bei ihm alles in Ordnung ist, wenn Leib und Geist richtig gesund und tätig sind. Sie gedeiht bei schwachen Menschen, wo die Lebenskraft geschwächt, die Energie erschöpft ist und besonders, wo Laster herrschen.

Sich viel um Krankheit sorgen macht selber krank. Wir müssen vielmehr unsere Widerstandskraft so stärken, dass Sorge und Krankheit gar nicht erst eindringen können. Dazu muss aber alles an uns gesund sein. Im Essen, im Denken, im Schlafen, in der ganzen Lebensweise müssen wir uns hüten, jenen Feinden die Tür aufzumachen.

Wir sind dann schwach, wenn wir fühlen, dass wir von der unendlichen Kraft getrennt sind. Dann findet die Furcht

Eingang in unsere Herzen. Wenn wir uns aber mit dieser Macht eins fühlen, die uns geschaffen hat und erhält, wenn wir dort den Frieden finden, der höher ist als alle Vernunft, dann fühlen wir die Herrlichkeit des Lebens.

Starke Menschen, die göttliche Eigenschaften von ihrem Schöpfer mitbekommen haben und den Stempel der Göttlichkeit an sich tragen, dürfen nicht durch die Welt gehen mit allen Zeichen der Furcht und Sorge, mit einem Gesicht, als ob das Leben eine fortwährende Enttäuschung für sie sei. So hat Gott seine Kinder nicht gewollt.

Wenn die Furcht in all ihren schrecklichen Gestalten von der Erde verschwunden ist, dann kommt das tausendjährige Reich. Dann erhebt sich der Mensch zu der Höhe des vollkommenen Glaubens an Gott und des Vertrauens auf sich selbst, und ein Gefühl von Sicherheit und Freiheit erfüllt ihn, dessen Möglichkeit er bisher nicht geahnt hat, und seine Kraft und Leistungsfähigkeit wird sich verhundertfachen. Vor seinem königlichen Willen schwindet die knechtische Furcht.

Die bewusste Einheit
mit Gott
ist das Geheimnis
aller Gesundheit,
allen Gedeihens
und allen Glückes.

9. Eins sein mit dem Göttlichen

Der verstorbene Professor Shaler an der Harvard-Universität sagte, die größte Entdeckung des letzten Jahrhunderts sei die der Einheit aller Kraft und alles Lebens im Weltall.

Und wirklich, die Vorstellung, dass eine einzige Kraft das ganze All durchwebt, ein Leben, eine Wahrheit, eine Wirklichkeit, und dass wir mitten im Strom dieser Kraft stehen, der in der Richtung auf Gott fließt, das ist ein Gedanke, der wie keiner vorher uns mit Begeisterung und Mut erfüllen und alle Furcht vernichten kann. Das Leben gewinnt einen ganz neuen Sinn, wenn wir so unsere Einheit mit dieser großen schaffenden und erhaltenden Kraft des Alls erkennen. Wenn wir einsehen, dass unser wahres Wesen ein Teil jener alldurchdringenden Kraft ist, und zwar ein notwendiger, unabtrennbarer Teil, und dass wir so wenig zunichtewerden können als die Gesetze der Mathematik, dass wir an allen Eigenschaften unseres Schöpfers Anteil haben, dass wir also vollkommen und unsterblich sein müssen, dann besitzen wir in dieser Erkenntnis die Lösung aller Lebensrätsel und ein wunderbares Gefühl der Sicherheit, Genugtuung und Zufriedenheit, wie wir es nirgends anders gewinnen können.

Wenn wir den Gedanken unserer Einheit mit dem unendlichen Leben festhalten, wenn wir erkennen, dass auch wir jederzeit das Wort aussprechen dürfen: „Ich und der Vater sind eins", dann gewinnen wir die Gewissheit, dass wir nicht ein Spielzeug des Zufalls oder eine Marionette des Schicksals sind und dass keine grausame und uns unbekannte Vorausbestimmung uns ins All hinausgestoßen hat. Je mehr uns unsere Einheit mit dem Göttlichen zum Bewusstsein kommt, desto ruhiger, vertrauensvoller und schöpferischer gestaltet sich unser aller Leben. Offenbar war dem Apostel Paulus ein Blick in diese Einheit aufgegangen, wenn er sagt:

„Ich bin gewiss, dass weder Hohes noch Tiefes, weder Gegenwärtiges noch Zukünftiges, weder Leben noch Tod uns scheiden kann von der Liebe Gottes."

Auch uns gilt die Verheißung: „Ihr werdet die Wahrheit erkennen und die Wahrheit wird euch frei machen."
Die Wahrheit, dass wir eins sind mit dem Göttlichen, macht uns frei von der Knechtschaft der Furcht, Angst und Sorge, frei von den Fesseln des Aberglaubens, der Unsicherheit, der Beschränktheit und frei von dem Gedanken an drohendes Unglück und Elend. Der Mensch der Zukunft wird keine Furcht mehr kennen, denn er verliert nie das Gefühl seiner Einheit mit der allbeherrschenden Macht.

Es war für die Welt immer ein Geheimnis, wie die Blutzeugen des Glaubens durch Leiden und Qualen schritten, nicht bloß ohne jede Angst, sondern mit der Gewissheit des Sieges. Die Erklärung liegt darin, dass ihr Wesen in der ewigen Wahrheit und Gerechtigkeit verankert war. Nichts, was ihnen geschah, konnte sie aus der Hand des Allmächtigen reißen. Der Geist, der einmal einen Blick in seine Einheit mit dem Göttlichen tun durfte, der sich einmal in Harmonie mit dem Unendlichen gefühlt hat, der kennt keine Furcht mehr, denn er ist überzeugt, dass, wenn die eine Türe sich vor ihm schließt, dafür eine andere aufgeht, die ihn zu viel größeren und herrlicheren Aussichten führt.

Je näher wir Gott sind, desto näher sind wir der unendlichen Quelle aller Dinge. Könnten wir uns doch selber rückhaltlos und schrankenlos dem Einströmen dieser göttlichen Kraft öffnen, welche Kräfte würden da unserem Leben zufließen! Wenn wir schwach und unfähig sind, so kommt das daher, dass wir uns gegen diese Kraft verschlossen haben durch schlechte Gedanken und böse Taten. Keiner ist wirklich stark, der mit Bewusstsein Böses tut. So oft wir etwas Unrechtes tun, geht ein Teil unserer Kraft von uns. So lösen sich manche Menschen fast ganz von ihrer Vereinigung mit dem Göttlichen los, indem sie die verbindenden Bande der Gerechtigkeit, der Wahrheit und der Liebe durchschneiden. Aber damit verlieren sie auch alle Kraft.

So oft wir etwas Unrechtes tun, so oft wir von der Wahrheit abweichen, so oft wir unehrlich und niedrig handeln – jedes Mal verlieren wir etwas von unsrem Halt an der unendlichen Macht und werden leichter eine Beute von Furcht und Zweifel. Losgelöst vom Göttlichen sind wir so hilflos wie ein Kind, das im Dunkeln allein gelassen wird.

Der Mensch fängt an, einzusehen, dass seine Kraft, sein Erfolg und sein Glück Hand in Hand gehen mit der Stärke seines Bewusstseins um die Einheit mit Gott, und dass er stark oder schwach ist, je nachdem diese Einheit innig oder lose ist. Alle unsere Not kommt aus dem Gefühl der Trennung vom Unendlichen. Sowie diese Trennung eintritt, empfinden wir ein Gefühl der Unsicherheit, der Ängstlichkeit und Hilflosigkeit. Wenn Furcht und Sorge uns erfüllen, so ist das ein deutliches Zeichen dafür, dass wir die Verbindung mit dem Göttlichen verloren haben.

„Vollkommene Liebe treibt die Furcht aus", heißt es in der Bibel, denn Liebe lässt das Gefühl der Trennung gar nicht aufkommen.

Wenn wir in so enger Verbindung mit dem Göttlichen stehen, dass wir Gott und das Gute wirklich fühlen, dann empfinden wir auch vollkommene Furchtlosigkeit. Neue Kraft strömt uns zu und Mut und Selbstvertrauen vervielfachen unsere Leistungsfähigkeit. Wir können nicht auf den Höhepunkt unsrer Kraft gelangen, ehe wir erkennen, dass wir ein Teil der Kraft des Alls sind.

Das Göttliche, das uns unsere Ziele setzt, ist in uns; es ist unser wahres Selbst. Wir müssen den Gedanken festhalten, dass wir die Wahrheit selbst sind, dass der Irrtum etwas Fremdes und Unnatürliches für uns ist, dass wir Leben und Liebe, Gerechtigkeit, Wahrheit und Schönheit selber sind; dann erfüllt uns Friede und Heiterkeit, und wir fühlen uns emporgehoben wie niemals sonst.

Genau in dem Verhältnis, als wir mit dem Göttlichen eng verbunden sind, haben wir Teil an dem Strom des Lebens und der Gesundheit, der all unsere Krankheiten heilen kann. Die bewusste Einheit mit Gott ist das Geheimnis aller Heilung und aller Gesundheit, alles Gedeihens und allen Glückes. Außerhalb dieser Einheit ist kein wahres und dauerndes Glück. Wenn wir immer das Bewusstsein dieser Einheit festhalten könnten, so lebten wir auch immer in körperlicher und geistiger Harmonie.

Dieses Bewusstsein bewahrt uns auch vor dem Altern; mit ihm erhalten und erneuern wir uns unsere Jugendlichkeit. Nichts kann diese Einheit trennen, nur die Sünde.

Wenn wir uns von den Eigenschaften entfernen, die göttlich und deshalb unser göttliches Erbe sind, Gerechtigkeit, Wahrheit, Liebe, dann verlieren wir die Verbindung mit dem Göttlichen selber. Die Erkenntnis dieser Dinge verhilft uns zum wahren Leben und deckt uns die Unfruchtbarkeit, Hohlheit und Leere des selbstsüchtigen Treibens auf, in dem die meisten von uns befangen sind. Das Bewusstsein, dass wir „in Gott leben, weben und sind“, erhöht alle unsere sittlichen Maßstäbe und stärkt zugleich unsere Kraft, ihnen nachzuleben.

Ein Stück magnetisch gemachten Stahls hebt ein anderes Stück gewöhnlichen Stahls im achtfachen Betrag seines eigenen Gewichts. Ein Mensch, der durch das Bewusstsein seiner Einheit mit der schöpferischen Kraft des Alls magnetisch gemacht wird, hat das Vielfache der Kraft dessen, der sich nur auf seine eigene, vom Unendlichen getrennte Kraft verlässt. So gleicht er dem Führer eines Wagens, der seine

Leitstange aufrichtet und sich an den allgemeinen elektrischen Strom anschließt; der andere gleicht einem Mann, der den Wagen mit seinen Armen schieben will.

„Ein jeglicher sei gesinnt, wie Jesus Christus auch war", gebietet uns der Apostel. Diese Gesinnung gibt Gesundheit, Frieden, Glück, Harmonie, Gerechtigkeit, Wahrheit, Schönheit; aber wir können sie nur haben, wenn wir unter der Obhut des Allmächtigen wohnen.

**Wenn wir die Kunst
verstünden, uns immer
in Harmonie zu halten,
so würde das
unsere Leistungsfähigkeit
unendlich vergrößern.**

10. Harmonie

Der berühmte Geiger Ole Bull spielte niemals in der Öffentlichkeit, ehe seine Geige nicht vollkommen gestimmt war. Es war ihm ganz gleichgültig, wie lange das dauerte oder wie ungeduldig die Zuhörer wurden; es kam ihm auch nicht darauf an, ob die Unreinheit vielleicht für andere ganz unhörbar war – erst musste die Stimmung vollkommen rein sein, vorher fing er nicht an zu spielen. Ein geringerer Künstler wäre vielleicht nicht so penibel gewesen und hätte sich gesagt: „Es hört doch keiner außer mir, also ruhig drauf losgespielt."

Gute Musiklehrer sagen dagegen, nichts vernichte die Empfindlichkeit des Ohres und das ganze musikalische Vermögen so schnell, als wenn man ein Instrument benutzt, das nicht ganz sauber gestimmt ist, oder wenn man mit anderen zusammen singt, deren Gehör nicht fein genug ist, um kleine Unreinheiten zu hören. So verliert man das Unterscheidungsvermögen für die ganz feinen Schwingungen.

Es kommt nicht darauf an, welches Instrument du in dem großen Orchester des Lebens spielst – aber du darfst nicht anfangen, ehe du ganz rein gestimmt bist, sonst verlierst du den Sinn für reine Töne ganz und gar.

Geistige Verstimmung ist der Todfeind jeder guten Leistung. Die zerstörenden und niederreißenden Gemütsstimmungen, wie Sorge, Ängstlichkeit, Hass, Neid, Ärger, Habsucht, Selbstsucht, lassen dich niemals leistungsfähig werden. Niemand kann sein Bestes leisten, solange er unter dem Bann dieser Stimmungen steht, so wenig als eine Uhr die richtige Zeit zeigen kann, wenn in ihrem feinen Räderwerk die geringste Reibung stattfindet. Die Uhr muss vollkommen ausgeglichen sein, jeder einzelne Teil muss tadellos gearbeitet sein und tadellos arbeiten, sonst kann sie nie völlig richtig gehen. Aber das Räderwerk des menschlichen Geistes ist noch tausendmal feiner und es muss jeden Morgen in vollkommener Ordnung sein, ehe es seinen Tageslauf beginnt, so gut wie die Geige gestimmt sein muss, ehe das Spiel beginnt.

Hast du schon eine Zentrifuge gesehen, etwa in einer Wäscherei? Wenn sie mit ihren ersten Umdrehungen beginnt, wackelt sie derartig, als ob sie gleich in Stücke gehen müsste, aber mit zunehmender Schnelligkeit wird die Bewegung ruhig und ruhiger, bis sie sich schließlich scheinbar bewegungslos um ihren Mittelpunkt dreht.

So wird ein Mensch, der seinen Mittelpunkt noch nicht gefunden hat, von tausend Kleinigkeiten umgetrieben, und irregemacht, die den anderen, der in vollem Gleichgewicht seines Geistes ruht, gar nicht berühren. Selbst die äußerlich stärksten Unfälle bringen diesen nicht aus seinem Gleichgewicht; er schwankt nicht mehr zwischen Hoffnung und Verzweiflung hin und her. Er hat erkannt, dass er ein Teil der einheitlichen Kraft ist, die das All durchwebt, ein Teil des Unendlichen selber. In einem ausgeglichenen Geist, der seinen Mittelpunkt gefunden hat, wirken alle Kräfte gleichmäßig zusammen, während ein Mensch, der beim kleinsten Anlass „außer sich gerät", wie unsere Sprache so treffend sagt, seine Kräfte unnütz verschwendet, sie gegeneinander arbeiten lässt und so nichts zustande bringt.

Harmonie ist das Geheimnis aller Leistungsfähigkeit, aller Schönheit und Zufriedenheit, und sie besteht darin, sauber gestimmt und mit dem Unendlichen im Einklang zu sein. Das bedeutet aber vollkommene Gesundheit der geistigen und sittlichen Kräfte und Harmonie mit all den Erneuerungsvorgängen in uns, die durch jede Reibung gestört werden.

Der Mensch ist wie ein drahtloser Telegraph. Er sendet fortwährend Botschaften des Friedens oder der Unrast, der

Harmonie oder auch des Missklangs aus, dem entsprechend, was in seinen Gedanken vorgeht. Diese Botschaften eilen mit Lichtgeschwindigkeit in alle Richtungen und rufen in anderen Menschen dieselben Stimmungen hervor.

Wer sein Gleichgewicht gefunden hat, der ruht so sicher in der ewigen Harmonie, dass kein Unglück und auch keine Furcht davor ihn berühren kann, weil er weiß, er ruht in den Armen der unendlichen Liebe und Vollkommenheit und lebt, webt und ist in der ewigen Wahrheit. Er gleicht einem großen schwimmenden Eisberg, der, wie ich schon früher gezeigt habe, im größten Sturm und in den wildesten Wogen fast ohne Schwanken schwimmt, weil sein Schwerpunkt tief unter der Oberfläche des bewegten Wassers in ewig unberührter Tiefe ruht.

Es ist merkwürdig, dass es Menschen gibt, die in anderen Dingen höchst umsichtig, aber in allem dem geradezu blind sind, was dazu gehört, das wunderbar künstliche, freilich auch überaus empfindliche Räderwerk ihres Geistes in richtiger Ordnung zu halten. Wie mancher Geschäftsmann schleppt sich müde durch einen Tag der Verstimmung hin und ist abends gänzlich erschöpft, während er mit viel geringerer Anstrengung viel mehr hätte leisten können, wenn er ein paar Augenblicke daran gewandt hätte, sich morgens, ehe er ins Geschäft ging, rein zu stimmen. Wer früh an seine Arbeit geht in einer mürrischen und widerwärtigen Stimmung gegen alles und jedermann, der ist nicht in der Verfassung, in der er den Höchstbetrag seiner Kraft anwenden kann; ein großer Teil davon wird für heute brach liegen. Wer es aber noch nie versucht hat, der weiß nicht, was es heißt und was es für Vorteile bringt, sich früh sauber zu stimmen.

Ein New Yorker Geschäftsmann teilte mir mit, dass er morgens nie ins Geschäft geht, ohne seinen Geist auf vollkommene Harmonie mit der Welt gestimmt zu haben. Wenn er das kleinste Gefühl von Neid oder Eifersucht spürt, wenn er fühlt, dass er selbstsüchtig oder ungerecht ist, wenn er nicht die rechte Stimmung gegenüber seinem Geschäftsteilhaber oder seinen Angestellten hat, so geht er einfach nicht eher an die Arbeit, bis sein Geist rein gestimmt und frei von jedem Missklang ist. Er sagt, er habe erkannt, dass er unvergleichlich mehr leisten könne, wenn er dies getan habe; wenn er es aber unterließ, so habe er nicht bloß viel weniger geleistet und seine Umgebung höchst unbehaglich gemacht, sondern auch für die ungenügende Leistung viel mehr Kraft verbraucht.

Viele Menschen, die nur mittelmäßige Leistungen aufzuweisen haben, besitzen in Wirklichkeit recht gute Anlagen und Fähigkeiten, sind aber so empfindlich gegen die geringste Reibung, dass sie trotzdem nicht viel leisten. Wenn sie jemand hätten, der jeden Missklang von ihnen fernhielte und sie stets in Harmonie erhalten könnte, so müssten sie ganz andere Erfolge erzielen.

Aber die Menschen, die etwas Tüchtiges leisten, müssen diese höchste aller Künste selber lernen, niemand kann das für sie tun. Niemand kann etwas wirklich Großes leisten, der nicht imstande ist, sich über die vielen tausend Kleinigkeiten zu erheben, die ihn reizen und seine Aufmerksamkeit ablenken.

Wir sehen oft, dass Menschen höchst reizbar und widerwärtig sind, wenn sie müde sind, dass sie aber harmonisch und liebenswürdig werden, wenn sie ausgeruht haben. Daraus könnten sie aber selbst entnehmen, dass die Ursache ihrer Reizbarkeit in der Ermüdung ihrer Nerven und der Erschöpfung ihres Gehirns liegt. Ein Mensch, der nach einem Jahr angestrengter Arbeit ganz unerträglich ist, kommt als ein ganz andrer von einem Erholungsaufenthalt zurück, der vielleicht nur wenige Wochen gedauert hat; was ihn vorher ganz außer sich gebracht hatte, das macht jetzt gar keinen Eindruck mehr auf ihn.

Das Räderwerk unseres Geistes ist empfindlich gebaut, und wenn eine niedere Leidenschaft ihr Wesen darin treibt, kann sie die größten Verwüstungen darin anrichten.

Wie das Kreischen der Achse anzeigt, dass die Schmiere fehlt, so zeigt das Vorhandensein von Reibung oder Missklang bei uns an, dass etwas nicht in Ordnung ist. Es ist nicht das Richtige, wenn die herrliche aber zarte Maschine, die Gott geschaffen und selbst „gut" genannt hat, so schwer läuft, dass sie der Wiederherstellung bedürftig ist. Ein Streit am Frühstückstisch kann den Frieden einer Familie für den ganzen Tag vernichten; ein Augenblick der Erregung kann dich eine wertvolle Freundschaft kosten.

Wir schätzen die wunderbare Einrichtung unseres Geistes lange nicht hoch genug, und doch ist sie das verbindende Glied zwischen dem Schöpfer und seinen Geschöpfen; sie verbindet uns mit Gott. Anstatt unsrem Schöpfer jeden Tag den wärmsten Dank entgegenbringen für dieses Wunder aller Wunder, das Menschengehirn und den Menschengeist, missbrauchen wir diese köstlichen Schätze derartig, dass sie nicht den zehnten Teil von dem leisten, was sie könnten.

Wir lassen durch dieses feine Räderwerk die rohesten, schlechtesten und zerstörerischsten Gedanken laufen. Wir zwingen es zur Arbeit, wenn es nicht in Ordnung ist, wenn seine Selbsttätigkeit gelähmt und seine Lebenskraft geschwächt sind, wir zwingen es mit allen möglichen Reizmitteln oder mit unserer Willenskraft, und wir überanstrengen die feinen Einrichtungen derart, dass sie viel zu früh beschädigt und für feine Arbeiten untauglich werden.

Wir sollten uns vielmehr so erziehen, dass nichts, was uns begegnet, uns in unserem geistigen Gleichgewicht stört und wir in jeder Umgebung und unter allen Umständen das Rechte und das Gute tun können.

Irgendwo auf meinen Reisen habe ich einen hohen Felsen gesehen, der eine Ähnlichkeit mit einem Menschenantlitz zeigte, das aber durch Kies und Sand zerkratzt war, die die schweren Sandstürme der Wüste dagegen geschleudert hatten. So sehen wir auch nur zu oft Gesichter, die von den Stürmen der Leidenschaft, von Zorn, Sorge oder Verstimmung so verwüstet sind, dass das göttliche Ebenbild fast verwischt ist.

Wie wenig verstehen wir doch, welche Kraft in der Harmonie unseres Geistes liegt. Unsere Lebensarbeit hängt ganz und gar davon ab, ob wir ausgeglichen und heiter oder verstimmt und unharmonisch sind.

Kein menschliches Wesen kann sein Bestes zeigen und leisten, ehe es nicht in Harmonie mit dem Unendlichen ist, ehe nicht seine Ziele in derselben Linie liegen mit denen Gottes. Solange diese Ziele sich kreuzen, solange unsere Absichten mit denen streiten, die Gott in unserem Wesen deutlich offenbart, solange kann nur etwas ganz Wertloses dabei herauskommen.

Wer das rechte geistige Gleichgewicht erreichen will, der muss sich in sein eigenes Wesen tauchen, wo ewige Ruhe herrscht, die kein geistiger Sturm stört, in die Tiefe, in der der Geist in engster Verbindung mit dem Göttlichen steht. Unsere besten Anstalten zur Beobachtung der Gestirne sind auf hohen Bergen erbaut, damit das große Fernrohr, mit dem man den Himmel beobachtet, nicht durch Staub und Dünste getrübt wird, wie sie in niederen Luftschichten zu finden sind. Ebenso müssen auch wir in die höchsten Schichten unseres Denkens und Fühlens aufsteigen, um reinere Luft zu atmen und in engere Berührung mit dem Göttlichen zu kommen.

Warum sollten wir denn nicht göttliche Kräfte besitzen, da wir doch göttlichen Ursprungs sind? Ist es so unglaublich, dass wir an den Eigenschaften unseres Schöpfers Anteil haben? Wir wundern uns doch auch nicht, wenn unsere Kinder uns ähnlich sind und unsere Kräfte und Eigenschaften besitzen. Warum sollten Gottes Kinder sich wundern, wenn in ihnen Göttliches ist?

Aber wir verstehen nicht, wie wir diese göttlichen Kräfte gebrauchen sollen, und ehe wir das nicht lernen, ist es immer so, dass wir bei kleinen Leistungen einen großen Kraftverbrauch aufweisen, statt etwas Großes ohne jede Kraftverschwendung zu vollbringen.

Was uns so unruhig, unzufrieden und unglücklich macht, das ist, dass wir die Verbindung mit dem Göttlichen so oft verlieren. Wie ein Kind, das die Mutter verloren hat, so sucht unsere Seele Gott, und sie ist nicht eher frei von Furcht, hat nicht eher das Gefühl der Sicherheit, bis sie ihn wieder gefunden hat.

Der fromme Augustin sagt: „Unsere Seele ist geschaffen zu dir, oh Gott, und sie findet keine Ruhe, ehe sie ruht in dir."

Dieselbe Kraft, die
uns erschaffen hat,
erhält uns auch
und stellt uns
immer wieder her;
und diese Kraft wirkt
in unserem Innern.

11. Die innere Kraft

Ich habe einmal gesehen, wie ein Mann von ganz gewöhnlicher Körperkraft hypnotisiert wurde und, nur mit dem Kopf und den Fersen aufliegend, zwischen zwei Stühlen ausgestreckt lag, und sein Körper trug noch die Last von sechs Menschen. Woher kommt diese Kraft, die eine für gewöhnlich so unmögliche Leistung möglich macht? Gewiss nicht vom Hypnotiseur; der hat bloß die Kraft sichtbar gemacht, die schon in dem Hypnotisierten lag. Die Kraft ruhte verborgen in ihm selber.

Solche Versuche gewähren uns einen Blick in die unermesslichen Kräfte, die in uns liegen, von denen wir so wenig wissen und die uns, wenn sie uns bekannt wären, zu den wunderbarsten Taten befähigen müssten.

Ohne dass wir es näher beschreiben können, empfinden wir dunkel, dass eine ungeheure Kraft in uns verborgen ist, die über alles menschliche Maß hinauszugehen scheint, eine Kraft im Unterbewusstsein unserer Seele, die unsere Geschicke leitet und uns übermenschliche Hilfe gewährt, wenn wir sie in Gefahr oder Not herbeirufen und in heißem Gebet um sie flehen.

Diese Seelenkraft verwandelt einen Schwächling in einen Riesen, und zwar oft in einem einzigen Augenblick, etwa wenn das Haus in Feuer steht oder wenn ein großer Unglücksfall eintritt, wenn beispielsweise das Kind in Lebensgefahr ist, das die Mutter mehr liebt als ihr Leben. Es sind viele Fälle bekannt, wo schwache und kränkliche Menschen, die kaum außer Bett sein konnten, Dinge vollbracht haben, die unter gewöhnlichen Umständen selbst dem Stärksten kaum möglich gewesen wären.

Woher kam diese Kraft, die in dem Augenblick vorhanden war, in dem man sie brauchte? Sie kam aus unserem unbekannten Innern, und solche Fälle beweisen, dass wunderbare, unbenutzte Kräfte in uns schlummern.

Die neue Weltanschauung, die sich heute Bahn bricht, versucht uns zu zeigen, wie wir diese Kräfte entdecken und verwerten können, die bisher kaum benutzt worden sind.

Es schlummern Kräfte in dir, die aus dir alles das machen könnten, was du in deinen kühnsten Träumen hast sein wollen. Wenn wir das recht einsähen, würden wir uns nicht so verwundern, wie wir es zu tun pflegen, wenn irgendein unnützer Mensch in einem einzigen Augenblick, etwa bei einem Eisenbahnunglück oder einem Feuer oder sonst einem dringenden Notfall, sich plötzlich als Held entpuppt. Der Held war schon immer da; er war bloß verbogen und die Not hat ihn enthüllt. Keiner von uns hat eine Ahnung, was er zu tun imstande ist, wenn eine große und gebieterische Not Außerordentliches von uns verlangt.

Aus diesem unbekannten Innern kommt die Kraft, die unsterbliche Taten vollbringt. Wir fühlen, dass etwas in uns ist, das nicht von uns selber stammt, das niemals krank, niemals müde ist und niemals Unrecht tut. Hier ist die Heimat der Wahrheit, der Liebe, der Schönheit und der Gerechtigkeit, hier wohnt „der Friede, der höher ist als alle Vernunft". Wir fühlen etwas Unsterbliches und Göttliches in uns, einen stillen Boten, der uns durchs Leben geleitet, der uns warnt, uns rät und uns schützt, wo auch immer wir gehen, und er tut es auch, wenn wir straucheln. Viele empfinden diesen Begleiter so deutlich, als ob sie ihn mit Augen sähen.

Eine Stimme in unserem unbekannten Innern sagt uns, dass wir eins sind mit der Kraft, die alle Dinge geschaffen hat, und dass wir, wenn wir einmal aus dieser Quelle getrunken haben, keinen Durst mehr fühlen werden.

Es gibt Menschen, die aus einem Bewusstseinszustand, in dem sie diese Einheit empfanden, mit so viel Lebenskraft heraustreten in den Milliarden Zellen ihres Körpers, dass sie aus dem schwersten Krankheitsanfall auferstehen könnten, wenn diese Kraft zur Tätigkeit aufgerufen würde. Nur die falsche Überzeugung, dass sie nicht gesund werden können, zerstört diese innere Lebens- und Heilkraft des Körpers, und der Mangel an Glauben ist es, der tödlich wirkt.

So sind auch unter den Tausenden von nutzlosen Menschen, die es zu nichts bringen, die kaum genug Energie haben, um sich am Leben zu erhalten, genug vorhanden, in denen solche Kräfte schlummern, dass, wenn man sie erwecken könnte, sie die wunderbarsten Dinge vollbrächten.

Wir sind oft selbst überrascht, wenn eine starke Not uns treibt, dass aus unserem Innern Kräfte hervorbrechen, von denen wir nicht ahnten, dass wir sie besitzen. Und die Zeit wird noch kommen, wo wir lernen, diese schlummernden Kräfte aus der Tiefe unseres Innern mit Willen hervorzurufen und jederzeit zu gebrauchen. Wir müssen nur Glauben genug haben an den unermesslichen Schatz von Kräften, die unter der Schwelle unseres Bewusstseins liegen, und die rechten Mittel finden, sie zum Erwachen und zur Betätigung zu bringen.

Es lebt etwas im Menschen, das nicht schlecht und unsittlich oder befleckt werden kann, das immer wahrhaftig und rein ist; das ist das Göttliche, die ihn wiederherstellende Kraft, die auch in dem Verkommensten noch als Sauerteig wirkt und ihn umwandelt, bis er zu dem Gott und dem Guten, die er verlassen hat, und zu seinem natürlichen Zustand zurückkehrt; natürlich ist aber für ihn das Gute, denn er ist geschaffen nach dem Plan der Gerechtigkeit und Wahrheit. Es ist unnatürlich für den Menschen, schlecht zu handeln. Gut sein ist ihm so natürlich wie der Blume ihr Duft; eine duftlose Blüte ist unnatürlich. Es kommt auch nicht darauf an, wie weit ein Mensch vom Rechten abgeirrt ist; das Göttliche in ihm bringt irgendwann und irgendwie sein Leben wieder in die volle Harmonie.

Wenn etwas in dieser Welt sich von selbst versteht, so ist es der Satz, dass die Absichten des Schöpfers nur gut sein können, und dass der Mensch nach dem Plan des Rechtes, der Gerechtigkeit, der Wahrheit und der Tugend geschaffen und jede Abweichung davon unnatürlich ist.

Ein Mensch, der unehrlich, habgierig oder selbstsüchtig geworden ist, ist so wenig mehr das gottgeschaffene und gottgewollte Wesen, als Missklang Musik ist. Der Mensch muss in Harmonie mit Gerechtigkeit und Wahrheit stehen, denn er ist dazu geschaffen, gerecht und wahr zu sein; das ist sein göttliches Erbteil, das ist das Göttliche in ihm, und dieses Göttliche wird schließlich siegreich bleiben. Das ist so gewiss, als die Wahrheit endlich über den Irrtum und die Harmonie schließlich über alle Missklänge siegen wird, denn Wahrheit ist das ewig Seiende, dagegen Irrtum und Unwahrheit sind gar nichts Wirkliches, sie bestehen bloß im Fehlen der Wahrheit.

Kein Freund ist uns so selbstlos treu als diese große heilende und wohltätige Lebenskraft, die uns geschaffen hat und erhält. Das ist dieselbe Kraft, die uns jede Nacht im Schlaf neu macht, die fortwährend alle Zellen unseres Körpers erneuert.

„Ich bin der Herr, dein Arzt" – hier liegt das Geheimnis jeder Heilung. Die Bibel ist voll von Erzählungen über geistige Heilungen; man ist geradezu überrascht, wie oft etwas Derartiges vorkommt. „Der dir alle deine Sünden vergibt und heilet alle deine Gebrechen." „Wer meine Worte hält, der wird den Tod nicht sehen."

Wie von selbst wenden wir uns zu dieser göttlichen Heilkraft, wenn wir in Not, Sorge und Unglück sind. „Kommet her zu mir alle, die ihr mühselig und beladen seid, ich will euch erquicken." Welch eine freundliche Einladung! Friede, höher als alle Vernunft, und Freiheit von allen Feinden, die unser Leben stören und unser Glück vernichten wollen, wird uns hier verheißen!

Das richtige Gebet fügt den abgerissenen Draht, der uns mit Gott verbindet, wieder zusammen, es gibt uns wieder Sicherheit und bringt uns wieder in Harmonie mit dem Unendlichen; hier liegt das Geheimnis aller geistigen Heilung.

Die unsterbliche, schöpferische Kraft des Lebens steckt nicht in bestimmten Arzneien; ihr einziger Schöpfer ist der Geist, denn es gibt nichts, was nicht durch den Geist geschaffen ist. Nur der Schöpfer der ursprünglichen Gewebe unseres Körpers kann sie wieder herstellen, wenn sie krank oder zerstört sind.

Im letzten Punkt sind alle Heilungen Selbstheilungen. Die Kraft dazu wohnt in unserem Innern, in unserer Verbindung und Einheit mit Gott. Was für ein Segen wird es für die ganze Menschheit sein, wenn endlich jeder die Wahrheit weiß, dass die einzig mögliche Heilung die ist, die durch die erneuernden und wiederherstellenden Kräfte in seinem eigenen Innern geschieht, dass durch diese aber auch alles geheilt werden kann und schon jetzt jede Zelle des Körpers erneuert wird, und dass dieselbe Kraft, die ihn geschaffen hat, ihn auch jeden Augenblick lebendig erhält.

Der Arzt der Zukunft wird seinen Kranken lehren, dass die schöpferischen Vorgänge in ihm nie stillstehen, und dass im selben Augenblick, wo ein Knochen bricht oder ein Muskel zerreißt, auch die Heilung schon einsetzt. Wenn nicht unsere Erziehung und unsere Vorurteile die schöpferischen Vorgänge hemmten, so ginge die Heilung viel schneller und vollkommener vor sich.

Wir sind uns bewusst, dass tief in unserem Innern ein Strom fließt, der von Gott kommt und zu Gott hinführt, und dass dieser Strom uns Überfluss an allem bringt, was wir brauchen. Dem Geist, der sich ihm öffnet, wird es an nichts mangeln.

Manchmal kauft jemand ein Stück Land draußen auf der Prärie und findet, dass sein Vorgänger vergeblich Brunnen gegraben, kein Wasser gefunden und deshalb das Land verkauft hat. Aber der unternehmungslustigere und ausdauerndere Käufer bohrt tiefer und trifft endlich auf lebendiges Wasser.

Tausende von Menschen gehen durchs Leben und dringen nie weit genug in die Tiefe ihres Bewusstseins, um die starke lebendige Quelle zu treffen, aus der ihnen alles zufließen würde, wessen sie bedürfen. Wir müssen nur tief genug graben, um die Quelle zu finden, „woraus ein Trunk den Durst auf ewig stillt."

Jeder hat Augenblicke, in denen ihm eine Ahnung aufgeht von den Möglichkeiten, die in ihm schlummern. Vielleicht ist es der Verlust eines geliebten Wesens, oder ein begeisterndes Buch oder ein treuer Freund – jedenfalls sind wir ein ganz andrer Mensch, wenn wir die Berührung mit der Quelle allen Lebens einmal gefühlt haben.

Wenn ein Mensch fühlt, wie der mächtige Strom der Wahrheit und der Gerechtigkeit sein Inneres durchfließt, so weiß er, dass er im Bunde mit dieser Kraft stets der Stärkere bleibt, selbst wenn die ganze Welt gegen ihn ist.

Hast du wirklich schon erkannt, dass du ein Teil des allgemeinen Geistes bist, der allem zugrunde liegt, der alles bildet und schafft, und dass das unendliche Meer geistiger Energie, das das All erfüllt, auch in der Tiefe deines Wesens Wogen schlägt und dir in jedem Augenblick seine Kraft zur Verfügung stellt? Der eine formt diese schöpferische Kraft zu einer Bildsäule, der andere zu einem Gebäude, der dritte zu einer Eisenbahn, der vierte und fünfte zu einer Fernsprecheinrichtung oder einer Nähmaschine; wieder andere dagegen formen sie zu schlechten Bildern, Gedanken und Taten, durch die sie das göttliche Ebenbild beflecken.

Wenn wir mit dieser göttlichen Kraft in uns, die niemals stirbt, niemals krank wird und niemals sündigt, in Harmonie sind, dann erreichen wir den höchsten Zustand, dessen wir fähig sind.

Die meisten Menschen wissen gar nicht, dass es etwas Heiliges um einen dem Rechten zugewandten Ehrgeiz ist. Was ist es denn, das uns beständig vorwärts und aufwärts treibt? Es ist die Kraft Gottes in uns, die uns unser Bestes leisten heißt und uns verbietet, mit minderwertigen Leistungen zufrieden zu sein.

Möge auch an uns das hohe Wort sich bewahrheiten:

> „Es glühe unsre Wange rot und röter
> von jener Jugend, die uns nie verfliegt,
> von jenem Mut, der früher oder später
> den Widerstand der dumpfen Welt besiegt!"

Nur ein Gedanke –
doch was er vollbracht,
nie hätt' es das Wort
und die Feder gemacht:
Er zog sich durchs Leben,
ein goldener Streif,
und hundert Früchte
wurden da reif.

12. Eine neue Weise, Kinder zu erziehen

Ich kenne eine Mutter, die zahlreiche Kinder großgezogen, aber von Allen nur eines geschlagen hat und dieses eine nur ein einziges Mal. Als ihr erstes Kind auf die Welt kam, sagten die Leute, sie sei viel zu gut und zu weich, um Kinder zu erziehen, sie werde sie gewiss verderben, weil sie sie nicht disziplinieren könne, und sie werde nichts weiter fertig bringen, als sie lieb zu haben. Das tat sie – aber diese Liebe hat sich als ein Band erwiesen, das die ganze Familie wunderbar eng zusammenhält. Kein einziges von den Kindern ist missraten, alle sind sie tüchtige Männer und Frauen geworden, und Liebe bildet bei allen den Grundzug ihres Wesens. Sie alle sehen noch heute mit Verehrung zu ihrer Mutter empor. Sie hat das Beste aus ihnen herausgeholt, weil sie das Beste in ihnen sah. Und auch das ungebärdigste von ihnen brauchte keine Züchtigung, kaum einen Tadel, denn die starke Gewalt der Liebe trieb alles Schlechte aus und ließ es gar nicht aufkommen.

Die Liebe ist der beste Balsam für alle Wunden und die beste Arznei für alle Krankheiten. Eine Menge Bibelsprüche bezeichnen die Liebe als heilend und das Leben verlängernd. „Mit langem Leben will ich ihn sättigen", heißt es in den Psalmen, „denn er hat seine Liebe auf mich gesetzt."

Die Liebe heilt, weil sie Harmonie ist. Wo sie herrscht, kann kein Missklang sein, denn sie ist Heiterkeit, Friede und Glück. Sie ist die große Friedenstifterin und die oberste Schöpferin aller Harmonie, das Allheilmittel für alles Böse. Wie Grausamkeit vor Güte dahin schmilzt, so finden alle schlimmen Leidenschaften in Liebe und Teilnahme ihr Gegengift.

Die Mutter mit ihrer Liebe formt das Leben und das Geschick ihrer Kinder. So manches Mal hat Mutterliebe einer gefährlichen Krankheit Halt geboten. Ich kenne eine Mutter, die mit ihrer Liebe auf unerklärliche Weise fast alle Übel ihrer Kinder heilt. Sie zieht das Kind aus dem Dunstkreis des Missklangs in ihre Harmonie herüber und löst damit alle Verwirrung des Hasses oder Neides. Sie weiß, dass man ein Kind, das unter seiner Leidenschaft schon schwer genug leidet, nicht auch noch schelten darf; das wäre ebenso verfehlt, als wenn man Feuer mit Öl löschen wollte.

Unsere Waisenhäuser geben traurige Beispiele davon, wie schnell ein Kind aufhört, ein Kind zu sein, wenn ihm die Mutterliebe und der Einfluss des Elternhauses fehlen.

Denke dir ein Kind, das in dem vergifteten Dunstkreis eines üblen Hauses aufwächst, wo alles voll ist von gemeinen und schlechten Einflüssen. Denke dir, wie sein kleiner Geist mit Schmutz und Sünde erfüllt wird. Ist es da ein Wunder, wenn es dieser Umgebung ähnlich wird?

Und nun halte dagegen ein Kind, das in der Luft der Reinheit und Güte aufwächst, dessen Geist von Anfang an mit edlen und erhebenden Eindrücken, mit Wahrem, Schönem und Lieblichem genährt wird.

Wie verschieden sind die Aussichten dieser beiden Kinder, ohne dass sie das Mindeste dazu tun! Der Geist des einen wird vom ersten Augenblick an hinuntergezogen in das Dunkel, der des anderen hinauf zum Licht. Welche Aussicht auf ein reines und edles Leben hat ein Kind, dessen erste und empfänglichsten Jahre erfüllt sind mit allen möglichen üblen Eindrücken, Hass, Streit und Zank, mit allem, was niedrig und gemein ist?

Wie wichtig ist es also, dass ein Kind nichts sehen und nichts hören sollte, als was gut und schön ist und sein Wesen gut und schön macht. Wir können gar nicht Mitleid genug haben mit den Menschen, deren Kindheit schon von Übel, Verbrechen und Unreinheit erfüllt wurde.

Der Geist des Kindes ist wie eine lichtempfindliche Platte; jeder Gedanke und jede Beeinflussung, denen es ausgesetzt ist, prägt sich ihm ein. Sein Vertrauen und seine Hingabe mit guten und edlen Eindrücken zu belohnen, das bedeutet, ihm rechtes Wachstum, Gedeihen und Glück schenken, während der, der das Gegenteil tut, es für sein Leben lang elend macht.

Fülle den Geist eines Kindes mit Harmonie und Wahrheit, dann finden der Missklang und der Irrtum gar keinen Eingang.

Es ist eine Grausamkeit, ein Kind fortwährend an seine Mängel oder Eigenheiten zu erinnern. Der leicht verletzliche Geist eines Kindes wird oft schwer dadurch geschädigt, dass man ihm die Vorstellung seiner Unzulänglichkeit beibringt oder Mängel übertreibt, die ganz leicht abzustellen wären. Viel besser als die beständige Erinnerung an das Übel ist es, wenn wir seinen kleinen Geist mit Gutem, Wahrem und Schönem erfüllen; die beständige Beeinflussung durch den Gedanken der Liebe und der Reinheit durchdringt dann sein Leben so, dass das Gegenteil gar nicht mehr anziehend wirkt. Wo viel Sonnenschein ist, da ist kein Raum für das Dunkel.

Das Selbstvertrauen des Kindes muss in jeder Weise begünstigt und ermutigt werden, nicht in dem Sinn der Überschätzung des eigenen Könnens, sondern als Ausdruck der Überzeugung, dass es ein Kind Gottes und Erbe alles Göttlichen ist.

Es gibt viele Jungen, die fürchten, besonders wenn sie sehr feines Empfinden haben und etwas zaghaft sind, dass sie nicht dieselben Fähigkeiten haben wie andere; sie misstrauen ihrer eigenen Kraft und sind außerordentlich leicht entmutigt. Es ist eine Sünde, einem Kind in dieser Richtung den Mut zu nehmen. Worte, die man in diesem Sinn spricht, graben sich seinem Geist ein wie Buchstaben, die in die Rinde eines jungen Stämmchens geschnitten werden; sie wachsen mit den Jahren und zeigen sich an dem Erwachsenen als hässliche Narben.

Die meisten Eltern denken gar nicht daran, wie empfänglich Kinder für Eindrücke sind und wie leicht man sie schädigen kann durch Entmutigung oder dadurch, dass man sie lächerlich macht. Kinder brauchen im Gegenteil viel Aufmunterung, Ermutigung und Lob. Davon leben sie, das ist Stärkung für sie, während sie unter dem Schatten ewigen Tadels und Heruntersetzens rasch welken. Es ist die denkbar schlechteste Erziehungsweise, wenn man ein Kind beständig tadelt und heruntermacht, und es ist grausam bis zum Verbrechen, wenn man ihm die Überzeugung beibringt, es sei dumm oder sonderbar und es werde nie etwas Rechtes werden. Dadurch verwandelt man seinen von Natur bejahenden und schöpferischen Geist in einen verneinenden und unfruchtbaren.

Wir beginnen allmählich einzusehen, dass man durch Liebe viel mehr erreicht als durch Zwang. Loben und Aufmuntern bekommt dem Kind viel besser als Drohen und Strafen. Sonnenschein wirkt viel stärker als Kälte; was diese verschlossen hält, das öffnet sich in der Sonne von selbst.

Wir wissen doch, dass Jungen wie Soldaten unter dem Antrieb von Lob und Ermutigung schlechtweg alles leisten, was man von ihnen verlangt. Aber viele Eltern und Lehrer scheinen dies leider immer noch nicht einzusehen.

Wie oft hört man Eltern über „unartige" Kinder klagen, aber diese Unarten sind sehr oft nur eingebildet. Ein guter Teil von dem, was die Kinder anstellen, ist einfach die Äußerung ihres überschäumenden Lebensgefühls, das sich austoben muss, weil sonst ihre Entwicklung gehemmt wird. Sie sind so voller Leben und Energie, dass sie nicht ruhig sein können. Etwas müssen sie tun, und man muss sie da auch ein wenig toben lassen. „Wild" ist nicht gleichbedeutend mit „unartig", so oft auch beides verwechselt wird. Die echte Liebe hat auch hier das richtige Verständnis.

Versuche nicht zu früh, aus deinen Kindern junge Herren und Damen zu machen; das ist unnatürlich. Habe sie lieb als Kinder, mache ihnen ihr Heim zu einer Stätte des größten Glücks und lass ihnen ordentlich Freiheit. Ermuntere sie lieber noch zum Spielen, denn sie sind nun einmal in dem Alter, wo der Spieltrieb herrscht. Ihre gesunde Entwicklung und volle Entfaltung wird gehemmt, wenn ihnen das fehlt.

Kinder sind in manchen Verhaltensweisen wie kleine Tiere; oft selbstsüchtig, manchmal grausam. Das kommt daher, weil sich manche Teile ihres Gehirns schneller entwickeln als die anderen, so dass der Geist nicht immer im Gleichgewicht sein kann, aber schließlich kommt alles wieder in Ordnung und so manches, was weniger gut zu sein schien, verschwindet von selbst.

Besonders ihre sittlichen Empfindungen und ihr Verantwortlichkeitsgefühl entwickeln sich meist langsamer, und daher kommen manche wirklichen Unarten. Aber ihre überflüssige Energie muss sich eben betätigen, und daran darfst du sie nicht hindern. Tue lieber mit und vergiss deine Würde beim Spiel mit ihnen.

Jeder Mensch müsste auf seine Kindheit zurückschauen können wie auf das Paradies.

Eine gute Mutter wendet beständig das Mittel der Suggestion oder geistigen Beeinflussung bei ihren Kindern an, auch wenn sie gar nichts von diesen Dingen versteht. Sie küsst die Beule, die das Kind sich gestoßen, und sagt: „Nun ist's wieder heil", und das Kind ist nicht bloß beruhigt, sondern es glaubt auch, dass der Kuss heilt. So vertreibt die Mutter die kleinen Leiden ihres Kindes, indem sie ihm das

Gegengift der Liebe eingibt und seine Gedanken in die entgegengesetzte Richtung lenkt.

Man kann nun durch ähnliche geistige Beeinflussung in den Kindern wirklich Kräfte entwickeln, die Gesundheit, Gedeihen und Glück hervorbringen und befördern. Wir wissen doch alle, wie stark unsere Leistungsfähigkeit abhängt von unserer Stimmung, unserem Mut, unserer Hoffnung. Diese Gedankenreihen müssen schon früh in dem Kind entwickelt und gestärkt werden, das wird seine ganze Lebensanschauung erhöhen.

Ein Grund, warum so viele nur eine schwächliche Gesundheit haben, liegt darin, dass sie von Kindheit auf in Gedanken an schwächliche Gesundheit gelebt haben. Man hat uns beigebracht, Schmerzen und Krankheiten seien ein unerlässlicher Teil des Lebens und notwendige Übel, volle Gesundheit sei eine Ausnahme und wir könnten das eigentlich nicht erwarten für uns. Das Kind wächst so auf mit dem Gedanken, dass es jederzeit krank werden könne und sicher auch einmal krank werden müsse.

Stell dir aber einmal vor, wie gut es für das Kind wäre, wenn ihm von vornherein das Gegenteil als Überzeugung beigebracht würde; dass Gesundheit das Wahre und Wirkliche sei und Krankheit nur die Abwesenheit des Richtigen; wenn es also Fülle der Gesundheit und des Glücks als sein angeborenes Recht behaupten und erwarten dürfte, wenn es schon früh die Wahrheit lernte, dass Gott uns nicht zu Krankheit und Leiden, sondern zu Gesundheit und Glück, zu Harmonie und nicht zu Missklang bestimmt hat.

Die Kinder sind ja so überaus leichtgläubig. Sie haben die Neigung, alles, was Erwachsene, besonders Eltern oder Kindermädchen, ihnen sagen, ganz ernst zu nehmen und unbedingt zu glauben, und ihre Einbildungskraft ist so lebhaft und eindrucksfähig, dass sie sich alles sofort vorstellen und noch übertreiben. Auch ihre Lügen sind oft nur Wirkungen ihrer überlebendigen Einbildungskraft.

Es ist leider eine üble Gewohnheit mancher Eltern und vieler Kindermädchen, die Furcht als Mittel zu benutzen, um die Kinder leichter leiten zu können, und so wird ihr kleiner Kopf oft angefüllt mit allen möglichen Geschichten und Bildern von Furcht und Schrecken, die sie oft fürs ganze Leben schädigen.

Das aber steht ungefähr auf derselben Höhe der Liebe und Weisheit, wie wenn man ihnen Einschläferungs- und Betäubungsmittel gibt, dass sie recht ruhig sind, und damit ihren Körper fürs ganze Leben vergiftet und schädigt.

Aber selbst wenn sie durch die Furcht gar nicht geschädigt würden – das Gegenteil ist leider der Fall! –, so wäre es nicht recht, sie bange zu machen, denn das hieße sie täuschen und belügen, und wenn etwas für Eltern und Erzieher heilig sein muss, so ist es das rührende, unbedingte gläubige Vertrauen der Kinder in ihre Worte.

Für manche Menschen war der Verlust dieses Vertrauens der Anfang des Schlechtwerdens. Aber schon die Enttäuschung ist schlimm genug, die das Kind erfährt, wenn es später dahinter kommt, dass ausgerechnet die Menschen es getäuscht und belogen haben, die in seinen Augen gleich nach dem lieben Gott kamen.

Die Eltern müssen bedenken, dass jede Furcht erweckende Geschichte, die man dem Kind erzählt, einen wirklichen und ganz wörtlich zu verstehenden Eindruck auf sein Gehirn und seinen Geist macht, der, genau genommen, nie wieder ganz verwischt werden kann.

Auf alle Fälle aber strafe nie ein Kind, wenn es ohnehin schon halb tot ist vor Furcht. Und strafe es auch nicht, wenn du selbst zornig bist – manchmal vergisst ein Kind so etwas nie wieder.

Ein großer Fehler ist es auch, wenn man einem Kind früh einredet, es müsse einmal den und den Beruf ergreifen, es müsse ein Pfarrer werden oder ein Arzt oder irgendetwas, für das es vielleicht gar nicht passt, von dem aber die Eltern wünschen, dass ihr Kind es werde. Dadurch ist mancher für sein Lebtag unglücklich oder in seinen besten Anlagen und Fähigkeiten gehemmt worden, was dasselbe ist. Hier spricht die Natur selbst, was das Kird werden soll, in seinen natürlichen Anlagen und seiner besonderen Begabung.

Aber zu diesen Anlagen muss nun auch die rechte Ausbildung hinzukommen. Mancher bringt es trotz hoher und vielseitiger Begabung doch zu nichts Rechtem, weil ihm bestimmte Eigenschaften fehlen, die man ihm in der Kindheit durch folgerichtige Ausbildung hätte anerziehen können.

Wenn ein Kind lernt, nicht scheu und zaghaft zu sein, sondern mutig und selbstbewusst, wenn es früh zu einem bejahenden und schöpferischen Wesen erzogen wird, so ist das eine viel wertvollere und bessere Mitgift als der größte Reichtum ohne diese Eigenschaften. Die Kinder sollten früh schon selbst einsehen, dass das Wichtigste und Wertvollste, was sie zu lernen haben, darin besteht, dass sie sich so leistungsfähig als möglich machen und erhalten müssen.

Mancher verlässt die Schule mit einem Sack voller Kenntnisse, aber ohne jedes Selbstvertrauen und Entschlussfähigkeit und ist noch ebenso scheu und zaghaft wie am Beginn. Aber was hat es für einen Vorteil, wenn der junge Mensch in die Welt tritt mit vielen Kenntnissen, aber ohne die Fähigkeit, sie anzuwenden? Hunderte verlassen jährlich die Hochschule, die vermutlich beinahe in Ohnmacht fielen, wenn sie plötzlich in einer öffentlichen Versammlung reden oder einen Antrag stellen müssten.

Hoffentlich kommt bald die Zeit, wo jeder junge Mann gelernt hat, in der Öffentlichkeit seine Ansichten klar und eindringlich auszusprechen und das, was er weiß, jederzeit zu verwerten, wo er so viel Selbstbeherrschung und Selbstvertrauen besitzt, dass er in keinem plötzlichen Notfall den Kopf verliert. Die Hauptsache bei der Bildung der Zukunft wird das sein, dass die Kenntnisse jederzeit gebrauchsfähig bereit liegen und mit Erfolg verwertet werden können.

Was nützen Kenntnisse, die man nicht jeden Augenblick zu Verfügung hat und die uns nicht in den Stand setzen, jeder Lage gewachsen zu sein? Kein Kind sollte aufwachsen, ohne zu lernen, an sich selbst zu glauben und Vertrauen zu sich zu haben. Das ist auch insofern sehr wichtig, als einer, der wirklich genügendes Selbstvertrauen hat, auch nicht zulassen wird, dass irgendein Fehler oder Mangel an ihm haftet, der ihm den Erfolg verdirbt. Jeder sollte zu der Überzeugung erzogen und gebildet werden, dass er eine Sendung in dieser Welt hat, die er ausführen muss, dass er einen Platz in der Welt auszufüllen hat, wo kein andrer für ihn eintreten kann, dass er sich auf diese bestimmte Aufgabe vorbereiten muss, und dass er im tiefsten Grunde seines Wesens göttlich, vollkommen und unsterblich ist. Jeder muss groß von sich denken und eine hohe Meinung von seinen Möglichkeiten und Aufgaben haben; damit stärkt er seine Selbstachtung und fördert seine Entwicklung.

Jeder soll denken, dass die Worte des Dichters auch für sein Leben gelten:

> „Da tritt kein andrer für ihn ein,
> auf sich selber steht er ganz allein.“

**Wenn der Geist
den Gedanken der Jugend
festhält,
so prägt sich
die Jugend
im Körper aus.**

13. Wie man lange lebt und spät alt wird

Einer der reichsten Männer in Amerika sagte, er gäbe gern fünfzig Millionen darum, wenn jemand ihm sein Leben um zehn Jahre verlängern könnte. Ich bin überzeugt, er würde auch zehnmal so viel geben.

Wie sehr die Menschen am Leben hängen, sieht man schon daran, dass auch ein zu lebenslänglichem Gefängnis verurteilter Verbrecher nur ganz selten wirklich wünscht, früher zu sterben. Der Tod ist nie ein ganz willkommener Gast, sagt der Dichter mit Recht.

Jeder richtig entwickelte Mensch liebt nicht bloß das Leben, sondern er möchte auch so lang als möglich frisch und jugendlich bleiben und scheut die Anzeichen des Alters und der Schwäche. Aber trotzdem denken die Wenigsten auch so weit, dass sie das ihrige dazu tun, um sich Jugend und Frische so lang als möglich zu erhalten. Sie übertreten beständig die Gesetze, auf denen Gesundheit und langes Leben beruhen, sie untergraben ihre Lebenskraft durch törichtes, unnatürliches Leben und herunterziehende Gewohnheiten, und dann wundern sie sich, wenn ihre Kräfte früher als nötig abnehmen.

Wer seine Lebenskraft missbraucht und seine Nerven überanstrengt, der wird es auch büßen. Nur ein verständig geführtes Leben kann ein langes Leben sein.

Im Allgemeinen ist uns keine Arbeit zu schwer und kein Opfer zu groß, wenn wir als Lohn dafür erwarten dürfen, dass wir reich werden. Wenn wir aber ebenso eifrig dabei wären, nichts zu unterlassen, was uns jung und frisch erhalten kann, so würden wir wohl sämtlich hundert Jahre lang jung bleiben. Ein Mensch ist wie eine gut gearbeitete Uhr; wenn man sie gut behandelt, so geht sie und zeigt die Zeit tadellos wohl hundert Jahre lang. Wenn man sie aber vernachlässigt oder schlecht behandelt, so stellt sie ihre Arbeit viel früher ein, als es eigentlich sein müsste.

Es ist merkwürdig: So sehr wir das Leben lieben und so fest wir an ihm hängen, so geben wir es doch so billig her und verschleudern so viele kostbare Tage und Jahre, indem wir falsch denken und falsch leben. Solange wir an das Alter denken und uns Bilder des Alters vor Augen stellen, solange kann es nicht fehlen, dass wir auch altern, denn unsere Gedanken und Vorstellungen arbeiten auf diese Weise unseren Wünschen geradezu entgegen, ebenso wie wir auch unseren Wunsch und unsere Anstrengungen, reich zu werden, vereiteln, wenn wir ängstlich zweifeln, ob es uns denn auch gelingen wird.

Das Ideal, das wir im Geist tragen, bestimmt, was in unserem Leben verwirklicht werden soll, ob wir lange jung bleiben oder ob wir früh altern. Jeder Mensch hat die Fähigkeit, sein Leben zu verlängern, aber er muss erst einsehen und verstehen, was sein Geist dazu tun kann. Wenn er die Überzeugung hat, er sei schon auf dem absteigenden Teil seiner Lebenslinie, seine Kräfte seien schon im Nachlassen begriffen, so ist es unmöglich für ihn, vollkommene Gesundheit, Frische und Kraft zu bewahren. Denn der Geist bestimmt eben selber darüber, wo sein Endpunkt liegt, unsere Überzeugung setzt uns die Schranke unseres Lebens.

Die meisten Menschen wissen nicht, dass ihre geistige Haltung eine tätige und schöpferische Energie darstellt, die beständig etwas Wirkliches hervorbringt. So oft wir unsern Geist auf einen Punkt sammeln, bringen wir etwas Wirkliches hervor. Sammeln wir ihn auf Schönheit, so bringen wir Schönheit hervor, sammeln wir ihn aber auf dem Bild der abnehmenden Kraft, so bringen wir diesen Zustand wirklich hervor. Wenn wir geistig in der Jugend leben, wenn wir die Vorgänge der Verjüngung und Erneuerung, wie sie in unseren Zellen beständig verlaufen, im Geist hervorrufen, so verdrängen wir damit die Vorstellungen des Alterns und der damit verbundenen Schwäche. Stattdessen unterstützen viele Menschen noch die natürlichen Vorgänge des Alterns, indem sie beständig in der Überzeugung leben, dass sie wirklich altern. Sie passen immer auf, ob sie nicht Anzeichen davon entdecken können; wenn sie ein wenig früher müde werden als sonst, wenn sie nicht ganz so viel mehr leisten oder aushalten können als früher, so sind sie gleich überzeugt, dass sie bereits den Punkt überschritten haben, den Leute wie Doktor Osler und andere als den Höhepunkt des Lebens bezeichnen, von dem an es rasch abwärts gehen würde, und sie fangen an, immer häufiger das gefährliche Bekenntnis auszusprechen: „Ja, ich bin nicht mehr so jung wie früher."

Prentice Mulford sagte einmal: „Wenn du mit dreißig oder fünfunddreißig Jahren anfängst zu glauben, du werdest jetzt ein alter Mann, dann bist du mit fünfundfünfzig sicher einer, denn der Geist setzt das in die Wirklichkeit um, womit er beständig beschäftigt ist."

Wenn du dir einbildest, dein Körper müsse jetzt bald den Verfall des Alters aufweisen, so tut er es auch. Wer im Geiste jung bleibt, der bleibt es auch am Körper. Drei Viertel der Menschheit sehen mit sechzig Jahren schon alt aus, einfach, weil sie die ganze Zeit hindurch überzeugt waren, sie müssten sich jetzt auf dem absteigenden Teil des Lebensbogens befinden.

Es ist eine der schlimmsten Selbsttäuschungen, zu glauben, es sei unvermeidlich, dass ein Mensch mit vierzig oder fünfzig Jahren anfängt, seine Kräfte zu verlieren und geistig und körperlich abzunehmen. Warum sollte das höchste Geschöpf Gottes in dem Augenblick schon abnehmen, wo es eigentlich fürs Leben erst richtig vorbereitet ist?

Der Mensch ist offenbar dazu bestimmt, dass er den Höhepunkt seiner Reife, Kraft, Leistungsfähigkeit und Weisheit verhältnismäßig spät erreicht. Da wir vor dem dreißigsten Lebensjahr nicht zur vollen Reife gelangen, liegt es offenbar nicht im Plan des Schöpfers, dass wir mit fünfzig, sechzig oder siebzig Jahren schon wieder welken sollen. Wenn wir uns nach Beispielen im Tier- oder Pflanzenreich umsehen, finden wir keines, bei dem die Reise so spät und der Niedergang so bald darauf eintritt. Die Tiere leben tatsächlich vier- bis sechsmal so lang, als sie zur vollen Reife brauchen, und so sollte doch auch das höchste Geschöpf nicht bloß zweimal dreißig, sondern mindestens viermal dreißig Jahre lang seine volle Kraft bewahren. Der Mensch sollte demnach auf dem Höhepunkt seiner Kraft stehen, wenn er fünfundsiebzig Jahre alt ist.

Der berühmte englische Arzt Sir Herman Webber meint, dass die meisten Menschen eigentlich mit Leichtigkeit hundert Jahre alt werden müssten.

Der Dichter Stedman sagt: „Ich kann nicht begreifen, wie die Leute siebzig Jahre als die natürliche Grenze des Lebens ansehen mögen. Fünfhundert wären noch nicht zu viel, wenn wir unsere Frische und Gesundheit erhalten könnten. Würde es dir nicht gefallen, fünfzig Jahre zu reisen, dann fünfzig Jahre Erfinder zu sein, fünfzig Jahre Staatsmann und fünfzig Jahre Künstler? Mir würde das gefallen, und dann würde ich mir überlegen, was ich die nächsten fünfzig Jahre machen sollte!“

Niemand ist alt, solange er noch am Leben Anteil nimmt und solange sein Herz noch nicht unempfänglich ist. Aber jeder ist alt, wenn er keine Berührungspunkte mit der Jugend, ihren Idealen und ihren Lebensanschauungen mehr hat, wenn er nichts mehr vom Geist seiner Zeit fühlt, wenn er nicht mehr mit der Zeit fortschreitet.

Die Vorstellung, dass von einem bestimmten Alter ab unsere Kräfte schwinden und unser Streben nachlassen müsse, übt einen ungemein schädlichen Einfluss auf unseren Geist aus. Wir können natürlicherweise nicht über den von uns selbst als Grenzmarke festgesetzten Punkt hinausgehen, denn wir können nichts tun, von dessen Unmöglichkeit wir überzeugt sind.

Wir denken uns alt und schwach, unsere Überzeugung macht uns dazu, und wir kommen diesem Zustand so lange immer näher, bis wir unser Denken ändern und das Jungsein zum Mittelpunkt unserer Vorstellungen machen.

Von Kindheit an hat man uns beigebracht, dass wir von einer bestimmten Zeit ab altern werden, und so glauben wir, das sei wirklich notwendig und unausbleiblich. Wir sollten umgekehrt denken, dass der Grund des Lebens in Gott ruht, der nicht altert und auf den die Zeit keinen Einfluss hat – dann würden wir die Jugend ins Alter mit hinübernehmen.

Ich bin fest überzeugt, die falschen Anschauungen, die uns so fest eingeprägt wurden, sind schuld am Verlust vieler kostbarer Jahre. Wir sollten stattdessen mit Schleiermacher geloben: „Ich will nicht sehen die gefürchteten Schwächen des Alters. Kräftige Verachtung gelob' ich mir gegen jedes Ungemach, welches das Ziel meines Daseins nicht trifft, und ewige Jugend schwör' ich mir selbst."

Wenn wir das Bild beständiger Jugend immer in unserem Geist trügen, so würden die Zeichen des Alterns sich lange nicht so früh bei uns bemerkbar machen und der Inhalt unseres Denkens würde auch äußerlich an unserem Körper in Gestalt von Jugendlichkeit und Frische deutlich in Erscheinung treten.

Es bleibt dabei: Wir können in der Wirklichkeit nicht anders sein, als wir es im Denken sind. Kein Arzt kann einen Kranken am Leben halten, der sich einbildet, er müsse sterben und es gäbe keine Rettung mehr. Die Zustände des Körpers folgen stets dem Inhalt unserer Überzeugung. Auch zu uns ist das Wort gesagt: „Dir geschehe, wie du glaubest."

Ich weiß von verschiedenen Menschen, die so fest davon überzeugt waren, dass sie nicht älter als sechzig oder fünfundsechzig Jahre würden, und sich diese Grenze so festgesetzt hatten, dass sie tatsächlich nicht darüber hinauskamen. Es scheint, dass alle ihre Geisteskräfte und Gedanken sich auf diesen einen Punkt sammelten.

Solcherlei falsche Vorstellungen über die Dauer des Lebens finden sich am häufigsten bei Leuten, die ein recht einförmiges Leben führen.

Auf dem Land altern die Menschen, besonders die Frauen, viel schneller als in der Stadt, obwohl sie doch so viel frische Luft, frische Früchte und ein so viel ruhigeres Leben haben. Das kommt zumeist von der Einförmigkeit ihres Daseins, ihrem Mangel an vielseitiger Anteilnahme und geistigem Wachstum.

Wer jahraus jahrein dasselbe Leben lebt, der kann zwar sehr alt werden, aber er altert auch früh, weil sein Denken versteinert. Geistige Versteinerung aber bewirkt körperliche Verknöcherung; die Gewebe werden hart und brüchig; ein bekanntes Anzeichen des Alters. Das Vertrocknen, die Runzeln – alles zeigt sich zuerst im Geist. Mannigfaltigkeit des Erlebens und der Anteilnahme erhält jung.

Die Listen der Lebensversicherungsgesellschaften zeigen, dass die durchschnittliche Lebensdauer heute länger ist als früher. Dazu hat Verschiedenes beigetragen; durch die Erfindungen und die arbeitssparenden Einrichtungen der Neuzeit ist viele aufreibende Arbeit unnötig geworden, man sieht im ganzen froher und hoffnungsfreudiger ins Leben. Die Lebensverhältnisse und Lebensgewohnheiten sind gesünder geworden, und man lebt verständiger.

Wer lange leben will, der muss vor allem sinnvoll tätig sein. Nichts ist so schädlich, wie Müßiggang; Ausschweifungen ausgenommen.

„Niemand ist alt, der tätig ist, und wer nichts tut, der ist schon so gut wie tot."

Fleiß trägt sehr viel dazu bei, dass man lange lebt. Das Schiff am Strand, nicht das Schiff auf der See ist in Gefahr zu faulen; das stillstehende Wasser wird schal und sumpfig, während das fließende frisch bleibt. Ehrliche Arbeit dient der Gesundheit und dem Leben.

Die nicht arbeitenden Teile unseres Gehirns altern viel rascher als jene, die beständig in Übung gehalten werden. Wenn wir jung bleiben wollen, müssen wir jeden Teil unseres Körpers in Tätigkeit halten.

Es hat keinen Wert, unser Leben um so und so viele Jahre zu verlängern, wenn wir diese Jahre zu nichts Wertvollem nutzen. Wenn wir nicht mehr innerlich wachsen und selber an Wert zunehmen, dann ist das zwar ein Dasein, aber kein Leben mehr zu nennen. Manche Menschen laufen wohl noch ein Vierteljahrhundert auf der Erde herum, nachdem sie eigentlich schon für tot gelten sollten wie manche Bäume immer noch stehen, wenn sie längst keine Blätter mehr haben und das Leben schon lange aus ihnen entschwunden ist.

Es ist gar nicht so schwer, den Geist zu verjüngen, es kommt nur darauf an, dass man den richtigen Gedanken kraftvoll, entschlossen und beständig festhält. Aber es gehören dauernde Wachsamkeit und eine unerschütterliche Entschlossenheit dazu wie zu allem, was wertvoll ist. Wenn du jung bleiben willst, so denke dich immerfort als erneuert und verjüngt, denn es geht auch wirklich eine beständige Erneuerung deiner Zellen vor sich. Denke dir die Jugend als das Wahre und Wirkliche und das Alter mit seinen Zuständen als falsch, unnötig, unnatürlich und nur durch gewohnheitsmäßiges Denken ans Altern hervorgebracht. Sprich zu dir selber: „Ich kann nicht altern, denn ich werde beständig erneuert, und neue Zellen können nicht alt aussehen, wenn sie nicht durch den Gedanken an das Alter auch wirklich alt gemacht werden."

Schließe die Tür deines Geistes vor allen Altersgedanken, diesen Feinden der Jugend, fest zu. Vergiss alle unangenehmen Erlebnisse und widerwärtigen Erfahrungen.

Ein glückliches häusliches Leben trägt viel dazu bei, das Leben zu verlängern. Reibungen aller Art, ganz besonders aber häusliche Reibungen verbrauchen die Lebenskraft und das Leben selber in schrecklichem Grad. Es gibt nur ein Mittel, uns die körperliche Harmonie zu erhalten, und das besteht darin, dass wir uns die geistige Harmonie erhalten.

Ein englischer Pfarrer, der hundertundfünf Jahre alt wurde und den man oft fragte, worin denn das Geheimnis bestehe, das ihn so alt habe werden lassen, gab zur Antwort: „Ich habe es mir zur festen Lebensregel gemacht, an nichts Unangenehmes nach neun Uhr abends mehr zu denken."

Schlimme und trübe Gedanken bei Nacht noch festzuhalten, ist nicht bloß sehr peinlich und macht schneller alt, sondern es ist geradezu gefährlich. Es hält das Blut in einem Zustand dauernder Vergiftung, der alle Vorgänge auf dem geistigen wie auf dem körperlichen Gebiet gleichmäßig schädigt. Mancher ist geisteskrank geworden, weil er fortwährend ganze Nächte durch seine Sorgen und Kümmernisse im Sinn und vor Augen hatte, und es ist bekannt, wie übertrieben, stark und lebhaft solche Bilder und Stimmungen bei Nacht sind.

Eines der Hauptmittel, das Leben zu verlängern, besteht darin, dass wir die altmachenden Vorgänge sich nicht während des Schlafes abspielen lassen. Ehe das Bewusstsein schwindet, muss der Geist mit heitern, mutigen und begeisternden Gedanken erfüllt sein. Wenn wir unter Tage in düstere Stimmung geraten sind, so müssen wir diese erst wieder klären, indem wir alle unsere unangenehmen Vorstellungen sorgfältig auslöschen und verbannen. Und wir dürfen niemals schlafen gehen, ehe wir unser verlorenes Gleichgewicht wiedergefunden und alle unsere Kräfte in Tätigkeit gesetzt haben, die Harmonie in unserem Geist schaffen.

Ein hoffnungsvolles Zeichen der Zeit ist es, dass heute in der Religion gesündere und freudigere Töne angeschlagen werden und die allgemeine Empfindung auf diesem Gebiet nicht mehr so düster ist. Viele von den alten Liedern, die wie Totenglocken klangen, sind doch allmählich außer Gebrauch gekommen. Wir sehen das Leben nicht mehr in so überaus düsteren Farben.

Der Beruf hat sehr viel mit der Länge des Lebens zu tun. Manche Berufe verkürzen das Leben in schrecklichem Maß, besonders wo die Menschen in engen, dunklen Fabrik- oder Geschäftsräumen arbeiten müssen.

Einfaches Leben, vollends verbunden mit hohen Gedanken, verlängert die Lebensdauer. So sind die Pfarrer vermöge der Natur ihres Berufes sehr langlebig; sie beschäftigen sich mit hohen und heiligen Gedanken und leben vielfach selbstlos für andere.

Ein hohes Ideal und ein edles Ziel, überhaupt alles, was den Menschen nach oben leitet, stärkt auch seine Gesundheit. Das Streben nach einem würdigen Ziel wirkt als Stärkungsmittel und entwickelt alle Anlagen.

Wir altern deshalb so schnell, weil wir das Instrument unseres Geistes nicht in reiner Stimmung erhalten; wir leiden unter Missklängen, weil wir das göttliche Gesetz der Harmonie verletzen. Gleichgewicht und Heiterkeit des Geistes erneuern und verjüngen den Körper.

Ein grobes Missverständnis ist es aber, wenn manche das Jungbleiben mit äußerlichen Mitteln erreichen wollen, indem sie die Anzeichen des Alters einfach verdecken.

Du musst dich stets an die Jugend halten, denn die Jugendlichkeit steckt an. Es ist bekannt, dass, wer beständig mit jungen Leuten umgeht, lange jung bleibt. Kleide dich ruhig so jugendlich, als es mit verständiger Würde vereinbar ist; vermeide eine gebückte Haltung oder einen schlurfenden Gang und schleppende Schritte. Lass die jugendlichen Gefühle nicht vertrocknen in dir. Liebe, Selbstlosigkeit, Hilfsbereitschaft halten das Herz warm und jung.

Wenn du an dich denkst, so denke dich so, wie du sein möchtest. Verweile nicht ständig bei deinen Unvollkommenheiten oder Mängeln, denn damit verunstaltest du dein Bild, sondern halte das Ideal fest, dem du ähnlich werden möchtest, das Bild der Vollkommenheit, zu dem dich dein Schöpfer geschaffen hat. Das Bild von uns, das wir in unseren Gedanken haben, das prägt sich in der Wirklichkeit aus.

Nimm das Leben nicht zu ernst. Ein gewisser Grad von Lustigkeit gehört dazu, wenn wir jugendlich bleiben wollen, weil es dazu gehört, dass wir gesund bleiben.

Krittelnder oder übermäßig ernster Sinn erzeugt Giftstoffe, die in den Kreislauf des Körpers eingehen und die Gesundheit schädigen. Solche Menschen altern früh, und wir sehen sie förmlich einschrumpfen.

Humor ist ein wahrer Sorgenbrecher; er beschleunigt den Blutkreislauf und fördert die Verdauung. Frohe Menschen schlafen gut, haben viele Freunde und sind kaum zu trüben und niedergeschlagenen Stimmungen geneigt. Angenehme Geselligkeit fördert allgemeines Wohlwollen, und dies wiederum verhilft zu Gesundheit und zu langem Leben. Wenn bei zwei Menschen alle übrigen Umstände identisch sind, so lebt derjenige länger, der heiterer ist als der andere.

Fortgesetztes Wachstum ist unvereinbar mit dem Vorgang des Alterns. Wer sich bemüht, immerfort zuzunehmen an allem, was gut und schön ist, der altert viel langsamer als der, der geistig stillsteht. Wenn das Wachstum aufhört, fängt das Alter an. Tätigkeit und Anteilnahme an möglichst vielen Menschen und Dingen erhalten jung.

Es ist schön, einen alten Menschen zu sehen, dessen Herz voll Heiterkeit ist, der Humor und Begeisterungsfähigkeit besitzt, der mit den Jahren immer gütiger geworden ist, der den Glauben an die Menschen noch nicht verloren hat?

Die Zeit ist hoffentlich nicht fern, wo das einzige Anzeichen höherer Jahre darin liegt, dass der Mensch bedeutender und wertvoller geworden ist, und wo das Alter geehrt wird nicht aus Mitleid mit seiner Schwachheit, sondern aus Ehrfurcht vor seiner Würde.

„Alter ist nicht notwendigerweise Verfall, es ist vielmehr das Reisen und Schwellen eines neuen Lebens, das die alte Schale zersprengt", sagt George MacDonald. Das naturgemäße Alter soll heiter und lieblich sein; es bringt Früchte, die schöner und süßer sind als die der Jugend. Und die letzten Jahre des Lebens sollten die schönsten sein.

In seinem Frühwerk, den Monologen, behandelt Schleiermacher im letzten Abschnitt „Jugend und Alter" und sagt darin Dinge, die vollkommen mit den hier ausgesprochenen Gedanken übereinstimmen: „Frühe sucht manchen das Alter heim und ein feindlicher Geist bricht ihm ab die Blüte der Jugend; lange bleibt anderen der Mut, und das weiße Haupt heben noch und schmücken Feuer des Auges und des Mundes freundliches Lächeln ... Was verliert der Geist von seinem Wesen, wenn er handelt und sich mitteilt? Was gibt's, das ihn verzehrt? Klarer und reiner fühl' ich mich jetzt nach jedem Handeln, stärker und gesunder ... Ein selbstgeschaffenes Übel ist das Verschwinden des Mutes und der Kraft;

ein leeres Vorurteil ist das Alter, die schnöde Frucht vom trüben Wahn, dass der Geist abhänge vom Körper. Aber ich kenne den Wahn, und es soll mir nicht seine schlechte Frucht das gesunde Leben vergiften ... Ungeschwächt will ich den Geist in die späteren Jahre bringen, nimmer soll der frische Lebensmut mir vergehen; was mich jetzt erfreut, soll mich immer erfreuen, stark soll mir bleiben der Wille und lebendig die Phantasie, und nichts soll mir entreißen den Zauberschlüssel, der die geheimnisvollen Tore der höheren Welt mir öffnet, und nimmer soll mir verlöschen das Feuer der Liebe. Von mir soll nie weichen der Sinn, der den Menschen vorwärts treibt, und das Verlangen, das, nie gesättigt von dem, was gewesen ist, immer Neuem entgegengeht. Das sei der Ruhm, den ich suche, zu wissen, dass unendlich mein Ziel ist, und doch nie still zu stehen im Lauf ... Auch kann es nicht sein, dass des Alters Schöne und der Jugend einander widerstrebe; es verschönt sich des Menschen eigene innere Jugend, wenn er schon errungen hat, was das Alter gewährt. So soll mir bleiben der Jugend Kraft und Genuss bis ans Ende ... Bis ans Ende will ich stärker werden und lebendiger durch jedes Handeln, und liebender durch jedes Bilden an mir selbst. Die Jugend will ich dem Alter vermählen, dass auch dies habe die Fülle und durchdrungen sei von der belebenden Wärme ... Dem Bewusstsein der inneren Freiheit und ihres Handelns entspricht ewige Jugend und Freude. Dies hab' ich ergriffen und lasse es nimmer, und so seh' ich lächelnd schwinden der Augen Licht und keimen das weiße Haar zwischen den blonden Locken. Nichts, was geschehen kann, mag mir das Herz beklemmen; frisch bleibt der Puls des inneren Lebens bis an den Tod."

Wir streuen Samen
mit sorgloser Hand,
und denken nicht
an die Folgen davon;
doch nach tausend Jahren
wird man's erfahren,
wie seine Frucht
verdirbt das Land.

John Keble

14. Wie der Mensch denkt, so wird er

Das Licht eines Sternes, der Millionen von Meilen von uns entfernt ist, zeigt uns bei einem bestimmten Untersuchungsverfahren, welche Metalle in dem Stern glühen. Jedes Metall erzeugt eine Linie in dem in Farben aufgelösten Lichtstreifen, der durch ein dreikantiges Glas fällt, und diese Linie ist unveränderlich bezeichnend für ein bestimmtes Metall.

Wenn es nun ein ebenso vollkommenes Verfahren in der Chemie des Geistes gäbe, so könnte ein Sachverständiger den Charakter jedes Menschen, auch eines ganz fremden, in seine gesamten Bestandteile aufgelöst erblicken und uns sagen, welcher misstönende Gedanke oder welches schlimme Bild einen dunklen Schatten auf die Persönlichkeit wirft.

Die Dinge haben genau so viel Macht über uns, als wir ihnen verleihen. Was nun den Einen erschreckt und beinahe lähmt, macht auf den Anderen vielleicht nicht den geringsten Eindruck. Es gibt Menschen, die ihr Gedankenleben so geschult haben, dass nichts mehr sie aus dem Gleichgewicht bringt. Sie können alles, was ihnen Pein verursacht, durch gedankliche Gegenmittel kraftlos machen; sie heben jeden Missklang durch Harmonie, jeden Irrtum durch Wahrheit auf. Sie verstehen die Chemie des Geistes so vollkommen, dass sie das Gift des Hasses oder der Eifersucht in dem Augenblick, wo es sie berührt, augenblicklich mit dem Gegenmittel der Liebe und des guten Willens unschädlich machen. Die Pfeile des Übelwollens und des Neides treffen sie nicht; sie sehen auf diese Dinge als auf Nichtwirklichkeiten herunter.

Wenn du von Furcht erfüllt bist, so geht daraus hervor, dass du einem Menschen oder einem Ding die Macht verliehen hast, dich fürchten zu machen; du selbst hast eine Verbindung zwischen dir und ihm hergestellt, die du auch wieder abbrechen kannst.

Denn für jedes geistige Gift gibt es ein Gegengift, das so sicher wirkt wie Wasser gegen Feuer.

Wir sind heute im Begriff einzusehen, welch tiefe Kenntnis der Gesetze des Alls dem Wort zugrunde liegt: „Liebet eure Feinde." Wenn wir unsere Feinde hassen, so schütten wir Öl ins Feuer; Liebe allein kann das Feuer löschen. Der Gedanke der Liebe entkräftet jeden Hass und macht Freunde aus unseren Feinden. Die Vorschrift, unsere Feinde zu lieben, beruht auf genau so gesetzmäßigen Vorgängen wie die Regel, dass man Feuer mit Wasser löschen soll.

Der Gedanke der Reinheit zerstört schnell und gründlich alle unreinen Gedanken und sinnlichen Bilder. Wahre, reine, selbstlose Liebe verwandelt auch einen niedrigen und rohen Menschen in kurzer Zeit ganz wunderbar.

Was von Anderen zu uns kommt, entspricht dem, was wir in ihre Richtung aussenden. Was wir in ihnen sehen wollen, das finden wir auch. Wollen wir Gutes, Reines und Edles an ihnen sehen, so begegnen uns diese Eigenschaften; wenn wir aber nur das Niedrige in ihnen finden wollen, so wird uns das auch gegenübertreten.

Was du in deinem Geist beherbergst und in deinen Gedanken wohnen lässt, ist ein Samen, der in deinem Leben aufgeht und seinesgleichen hervorbringt. Aus Hass-Samen im Herzen kann keine Liebesblume erblühen. Der Same der Rachsucht muss blutige Früchte bringen.

Was von dir zu Anderen hingeht, ruft in ihnen die gleichen Eigenschaften wach. Wenn das Göttliche in dir, der Geist der Liebe, zu irgendeinem Menschen spricht, und wäre es ein Verbrecher, so wird das Göttliche in ihm antworten und dir entgegenkommen.

Wenn du aber teuflische Gedanken des Hasses und Neides gegen ihn hegst, so wird ein Teufel dir entgegenkommen. Der Gedanke folgt Gesetzen, die ebenso unverbrüchlich sind als die der Mathematik. Der Hass kann keine Liebe wecken, aber Liebe ruft stets Liebe wach.

Selbst die Tiere antworten in gleicher Weise auf unsere Gedanken. Man kann mit Liebe das wildeste Tier an einer dünnen Leine führen, während zehn Menschen mit bloßer Gewalt es nicht an Ketten vorwärts brächten.

In den buddhistischen Schriften heißt es: „Wenn Jemand mir absichtlich Böses tut, will ich ihm mit lauter Liebe antworten; je mehr Übles von ihm zu mir kommt, desto mehr Gutes soll von mir zu ihm gehen."

Die Zeit ist nicht fern, wo die Menschen unharmonischen Gedanken ebenso wenig Einlass bei sich gewähren, als sie etwa Distelsamen in ihren Garten säen.

Wer deinen Charakter von heute, die Ernte deiner Sittlichkeit, kennt, der weiß, was für Samenkörner du in den Boden deiner Jugend gelegt hast. Er braucht sich gar nicht zu erkundigen, wie du als Kind gewesen bist; die Ernte von heute sagt ihm alles.

Du bildest dir nicht ein, duftende Rosen von stachligen Disteln pflücken zu können – wie kannst du also erwarten, Rosen der Güte und des Glückes zu pflücken, wenn du die Disteln des Hasses und der Härte gepflanzt hast? Dagegen darfst du sicher sein: Wenn du gütige, teilnehmende, ermunternde Gedanken aussäst, wirst du die goldenen Früchte der Harmonie, der Schönheit und der Freude ernten. Und wenn du Gedanken des Überflusses und der Fülle aussäst, wirst du Reichtum ernten, aber Gedanken des Mangels, der Dürftigkeit und des Misserfolges bringen Armut.

Wenn wir ein verbittertes Gesicht sehen, so wissen wir sofort, das ist die Ernte einer Aussaat von Gedanken der Selbstsucht und des Lasters. Sehen wir aber ein heiteres und vertrauensvolles Gesicht, so wissen wir, der Mensch hat harmonische und selbstlose Gedanken ausgesät.

Manche Menschen glauben, ein grausames Schicksal hätte uns in eine Welt des Zufalls hinausgestoßen; aber das Gegenteil ist wahr, wir schwimmen in einem Strom, der himmelwärts fließt. Wir leben in einer Welt voll unverbrüchlicher Gesetze und Ordnungen, in der nichts aus Zufall, nichts ohne zureichende Ursache geschieht; das unbedeutendste Ereignis unseres Lebens folgt Gesetzen, die ebenso unfehlbar sind wie die, nach denen die Himmelskörper ihre Bahnen ziehen und in Jahrmillionen keine Sekunde von ihrem Kreislauf abweichen.

Überall, wo wir Missklang sehen oder hören, da wissen wir, es ist seinerzeit Missklang gesät worden, und das ist jetzt die Ernte. Es gibt gar keine andere Erklärung. Missklang in jeder Form, in Gestalt von Leiden, Krankheit, Armut oder Misserfolg, zeigt immer an, dass ein Mensch nicht in Harmonie steht mit seinem besseren Selbst, mit dem Göttlichen in ihm.

Wer immerfort über sein Schicksal jammert und anderen Menschen die Schuld an seinem Unglück zuschreibt, der ist gar kein rechter Mensch, wie Gott ihn haben wollte, sondern nur ein Zerrbild davon. Wir werden hoffentlich recht bald lernen, wie wir uns gegen die Feinde schützen, die als Gedanken oder Stimmungen uns bedrohen; verstehen wir uns doch auch gegen Diebe zu schützen. Wir müssen lernen, wie wir solchen Gedanken und Stimmungen unsere Tür verschließen, denn sie drohen uns mit Schmerzen und Leiden, mit Erniedrigung und Lähmung und bringen eine üble Ernte.

Wenn es der Geist ist, der sich den Körper baut, so ist nichts natürlicher, als dass ein kranker Geist voll krankhafter Gedanken auch den Körper krank macht, und wir können nicht erwarten, dass die Vorgänge im Körper richtig verlaufen, wenn die den Körper beherrschenden Gedanken verkehrt sind.

Körperliche Unstimmigkeit ist gleichbedeutend mit geistiger Verstimmung; herrschte im Geist immer die rechte Harmonie, so würde sie auch im Körper nicht fehlen. Wenn du diese Harmonie also in deinem Geist herstellen kannst, so folgt sie in deinem Körper von selber nach, denn der Körper ist nur eine Bildung des Geistes.

Wir werden noch erkennen, dass nur das Gute und die Harmonie wirklich sind; das Böse und der Missklang sind gar nichts Wirkliches, sondern sie bestehen nur in der Abwesenheit des Gegenteils. Es gibt nur einen Schöpfer; alles, was ist, ist seine Schöpfung, also muss alles vollkommen sein, wie er vollkommen ist. Nichts, was wirklich ist, kann das Gegenteil der göttlichen Vollkommenheit sein, und so kann nur das Gute, das Harmonische, das Reine, das Wahre wirklich sein; alles andere ist Schein und Täuschung, denn Gott kann nichts schaffen, als was ihm gleich ist.

Gott ist vollkommen und unveränderlich; so kann, was schlecht ist in der Welt, nicht von ihm kommen, und es muss eine andere Erklärung dafür gesucht werden.

Naturvölker glauben, der Schöpfer habe in gewisse Rinden, Pflanzen oder Metalle wirksame Heilkräfte gegen verschiedene Krankheiten gelegt. Wir aber beginnen zu verstehen, dass der Mensch das große Allheilmittel gegen alle Krankheiten in seinem eigenen Innern trägt, dass gegen die schlimmsten Gifte, Hass, Neid, Zorn und Selbstsucht, Gegenmittel vorhanden sind in der Liebe, der Güte und dem Wohlwollen, und zwar in seinem eigenen Geiste.

Frohe hoffnungsvolle Gedanken sind an sich schon ein kräftiges Mittel gegen eine Reihe von Übeln, wie Verstimmtheit, Trübsinn und Entmutigung. Hoffnungsfreudigkeit allein ist schon ein Gegenmittel gegen die schlimmsten Krankheiten des Geistes. Halte hoffnungsvoll an deinen Idealen fest; das vertreibt die Schwarzseherei, die große Brutstätte der Krankheit, des Misserfolgs und des Unglücks. Halte immer Wacht am Tor deines Geistes und lass die Feinde deines Glückes und deines Erfolges nicht hinein – dann wirst du mit Staunen fühlen, wie bald deine Kraft wächst und dein ganzes Leben anders wird.

Wenn wir uns daran gewöhnen, den Gedanken der Gesundheit, Stärke und Kraft als gegenwärtige Tatsache, als ewige Wirklichkeit festzuhalten, so gewährt uns das wunderbare Stärkung und das Gefühl wachsender Kraft. Wir fühlen uns beschützt und getragen von der ewigen Macht, unsere Gedanken und Stimmungen sind gesättigt mit Leben und Wahrheit, und wir sind schöpferisch.

Alle Gedanken an Schwäche, Misserfolg, Unglück oder Armut wirken zerstörend, verneinend, einreißend. Sie sind uns feindlich, und wir dürfen ihnen keinen Einlass gewähren, so wenig als Dieben, denn es sind wirkliche Diebe; sie rauben uns Harmonie, Kraft, Glück und Erfolg.

Jeder wahre, schöne und nützliche Gedanke übt einen Einfluss auf unsern Geist aus, der, wenn er lange genug festgehalten wird, sich in Wirklichkeit umsetzt, unsre Ideale erhöht und unser Leben bereichert. So lange solche Gedanken den Geist erfüllen, können die gegenteiligen Gedanken ihr gefährliches Werk nicht tun, weil beide von Natur Gegner sind und nicht nebeneinander wohnen können.

Die Richtung unsrer Entwicklung geht dahin, dass wir dem immer ähnlicher werden, was wir im Geiste tragen und ersehnen, und dem immer unähnlicher, was wir zurückweisen und beständig verneinen; es verliert immer mehr an Macht über uns, sein Einfluss auf unsern Charakter wird immer geringer, und schließlich verschwindet es ganz.

Wir müssen beständig verneinen, dass wir arm und elend, dass wir Opfer der Beschränktheit und der Schwäche sind, dass wir der Entartung entgegengehen, und stattdessen kräftig bejahen, dass das Gute und das Schöne bei uns die Herrschaft führen; das übt einen wunderbar veredelnden Einfluss auf unsern Charakter aus. Was wir immer und beständig verneinen, das schwindet allmählich aus unserem Bewusstsein und damit aus unserem Leben.

Wenn wir beständig den Lebensgedanken, den Wahrheitsgedanken, den Hoffnungsgedanken, den Schönheitsgedanken festhalten, so geht davon eine starke Kraft in unser Leben und unseren Charakter über. Wer das kann, der steht auf den Grundfesten des Alls, der taucht bis in die letzte Wirklichkeit der Dinge und lebt in der Wahrheit selber; er empfindet ein Gefühl der Sicherheit, Kraft und Ruhe, das dem fremd bleibt, der nur auf der Oberfläche lebt.

Wie wichtig die Art unserer täglichen Denkgewohnheiten ist, das können wir gar nicht hoch genug einschätzen. Alles hängt davon ab, ob diese Gedanken gesund oder krankhaft sind. Denn nach diesen Gedanken formt sich unser Ideal; das kann nicht hoch sein, wenn die Gedanken niedrig sind. Alles kommt darauf an, dass wir das Leben richtig ansehen, mit gesundem, frohem, hoffnungsvollem Blick, mit Hoffnung, die den Sonnenschein in sich trägt. Die Menschen, die frohe, mutige und hilfreiche Gedanken ausstrahlen, die Sonnenschein auf allen Wegen verbreiten, die sie betreten, die helfen der Welt vorwärts, die erleichtern die Lasten der Bedrückten, die gleichen die Widersprüche des Lebens aus, die heilen die Verwundeten und trösten die Verzweifelten.

Du musst lernen, Freude auszustrahlen, aber nicht sparsam und kleinlich, sondern freigebig und reichlich. Strahle Glück aus, wo du bist; auf der Straße, im Wagen, im Geschäft, überall, wie die Rose ihren Duft immer und überall ausströmt. Wenn wir erst erkannt haben, dass Gedanken der Liebe heilend wirken wie Balsam auf einer Wunde, dass Gedanken an Harmonie, Schönheit und Wahrheit uns erheben und veredeln, dass die entgegengesetzten Gedanken überall Tod, Zerstörung und Vernichtung verbreiten – dann kennen wir das Geheimnis des rechten Lebens.

Manche Menschen tragen viele Jahre lang Hass oder Eifersucht gegen jemand im Herzen. Aber ohne dass sie es wissen, hindert eine solche geistige Haltung sie, ihr Bestes zu leisten und glücklich zu werden. Und nicht bloß das, sie verbreiten auch einen feindlichen Dunstkreis um sich, rufen in den Menschen Vorurteil und Gegnerschaft gegen sich selber hervor und schädigen sich in jeder Weise.

Der Geist muss von Bitterkeit, Eifersucht, Hass, Neid und Übelwollen ganz freigehalten werden, oder wir müssen dafür büßen, indem unsere Leistungsfähigkeit sich vermindert, unsere Arbeit an Wert verliert und der Friede des Geistes uns entschwindet.

Niemand kann sein Bestes leisten, solang er hasserfüllte oder auch nur lieblose Gedanken gegen andere hegt. Alles muss bei uns in vollkommenem Einklang und unser Herz von gutem Willen erfüllt sein, oder unsere Hand wie unser Kopf können nur untergeordnete Arbeit leisten.

Hass, Rachsucht und Eifersucht sind das reinste Gift für alles, was gut und edel in uns ist, und wirken so tödlich darauf wie Arsenik auf unseren Körper.

Güte und guter Wille gegen Andere sind wahrhaft der beste Schutz gegen Hass und ähnliche schädliche Gedanken und halten sie von uns ab wie ein Schild.

Wie leicht, schön und heiter gehen manche Menschen durchs Leben, mit wie wenig Reibung und mit wie wenig Störung ihres Gleichgewichts. Es ist kein Missklang in ihrem Leben, weil ihr Wesen eben harmonisch ist. Sie scheinen alle Menschen zu lieben, und jeder liebt sie. Sie haben keine Feinde, sie erwecken gar keine Gegnerschaft, uns so kennen sie keine Leiden und keine Schwierigkeiten. Dagegen gibt es andere Menschen mit hässlicher und grober Veranlagung, die immer in Schwierigkeiten sind, immer missverstanden und immer verletzt. Sie schaffen überall Missklang, weil sie selbst unharmonisch sind.

Niemand kann Hass, Groll, Eifersucht oder Rachsucht im Herzen tragen, ohne sich selbst zu schaden. Viele wundern sich, dass sie so gar nicht beliebt sind, dass niemand sie eigentlich mag und sie so gar nichts gelten in ihrem Bekanntenkreis; aber der Grund liegt darin, dass sie von lauter unharmonischen Ausstrahlungen umgeben sind, die ihre ganze persönliche Anziehungskraft vernichten.

Wer dagegen gütige, liebevolle und mitfühlende Gedanken aussendet, wer gegen Jedermann Wohlwollen fühlt und keine Bitterkeit, keinen Hass und keine Eifersucht im Herzen trägt, der ist anziehend und überall beliebt.

Der Mensch der Zukunft wird erkennen, dass jeder unharmonische Gedanke, jedes Streben, sich ungerechte Vorteile zu verschaffen, ihn so sehr schädigt, dass der Schaden in gar keinem Verhältnis zu dem Gewinn steht, den er etwa bekommt. Er wird einsehen, dass unsere Welt so eingerichtet ist, dass keine Abweichung vom Weg der Gerechtigkeit, Billigkeit, Ehrlichkeit und Selbstlosigkeit sich bezahlt macht. Die Zeit wird kommen, wo alle Menschen das Richtige tun und gerecht und wahrhaft sein wollen, schon deshalb, weil es Freude, Friede und Glück bringt.

Das tausendjährige Reich kommt dann erst auf die Erde, wenn jeder Mensch lernt, wie er die richtige geistige Haltung gegen seinen Nächsten bewahren kann. Dann wird es tausendmal leichter sein, Gutes zu tun, als Böses, dann wird allgemeine Harmonie und guter Wille herrschen, weil Jeder das Gebot befolgt: Liebe deinen Nächsten wie dich selbst.

Jeder Gedanke schwingt
durch alle Zellen des Körpers
und hinterlässt
einen Eindruck,
der ihm gleich ist.
Wer hasst, ist ein Mörder –
und zugleich
ein Selbstmörder.

15. Selbstvergiftung durch schlimme Gedanken

Eine der unglückseligsten menschlichen Einbildungen ist die Vorstellung, die viele Menschen quält, dass sie Schwächen und Krankheitsanlagen von denen geerbt hätten, die Jahrhunderte vor ihnen gegen die Gesetze der Gesundheit gesündigt haben, und dass sie deshalb keinen kräftigen Körper und keine feste Gesundheit haben könnten. Es ist ein wahres Wunder, dass bei solchen lähmenden Gedanken die Vorgänge im Körper nicht ganz und gar stillstehen und dass man überhaupt noch so etwas wie gesund dabei sein kann. Ist doch der Körper eine Versammlung von Billionen Zellen, die so eng untereinander verknüpft und aufeinander bezogen sind, dass jede üble Stimmung, jede unglückselige Einbildung sofort alle beeinflusst.

Der natürliche Zustand des Lebens ist, dass es ein Ganzes bildet, in dem alles zusammenstimmt. Jede Störung der Harmonie, jede Krankheit und Schwäche ist unnatürlich und unsrem wahren Wesen fremd und widersprechend.

Das rechte Denken baut neue, lebendige, junge Zellen in uns auf, während das falsche, unharmonische Denken die Zellen schädigt. Wie wir jetzt auf den Schrei unseres Kindes hören und seine Bedürfnisse befriedigen, so wird die Zeit kommen, wo wir auch auf den Schrei unserer Zellen hören, die unter unserem Mangel an Harmonie leiden, und wo wir das Heilmittel des richtigen Denkens gegen dieses Leiden anwenden.

Tausende Menschen leben heute in erdrückenderer Sklaverei als die Schwarzen vor dem großen Krieg um ihre Befreiung. Sie werden beherrscht von Dingen wie Zugluft, nassen Füßen, allem möglichen Aberglauben, vor dem sie sich ebenso fürchten wie einst die Sklaven vor ihrem Herrn. Ehe sie eine Reise machen, ein Buch schreiben, die Verteidigung in einem Rechtsstreit übernehmen oder ein Bild malen, müssen sie erst bei ihrem Körper anfragen, ob sie dürfen, und wenn der nein sagt, so unterlassen sie alles. Wenn er sagt, er sei müde oder krank, so müssen sie warten, bis der Körper wieder willig ist, und die höchste Pflicht und die größte Lebensaufgabe müssen mit warten.

Aber hoffentlich kommt bald die Zeit, wo wir uns schämen, von unsrer Krankheit oder unsrer körperlichen Schwäche zu sprechen, denn man wird darin den Beweis dafür sehen, dass wir lieblose, unbillige, schlechte Gedanken gegen andere gehegt haben, dass Rachsucht oder Hass uns erfüllt hat, dass wir selbstsüchtig und neidisch oder dass wir unehrlich gewesen sind und ungerechte Vorteile anderen gegenüber erstrebt haben, mit anderen Worten, dass wir die Opfer einer Selbstvergiftung durch schlimme Gedanken sind und die Herrschaft über uns selbst verloren haben.

Wenn wir glücklich, gesund und erfolgreich sein wollen, dann müssen wir gut sein; einen anderen Weg zu wahrem Glück und wirklichem Wohlergehen gibt es nicht.

Wenn man die phonographische Wiedergabe eines Gesangstückes hört, so merkt man dabei die kleinste Unsauberkeit, denn auch sie wird aufs Genaueste wiedergegeben. Ganz ebenso gibt unser Zellenfonograf jede kleinste Abweichung vom rechten Weg, die wir gemacht haben, getreulich wieder.

Wenn du heute nicht gesund bist, so ist das nur die Wiedergabe einer Aufnahme, die dieser Fonograf gemacht hat, und zwar geschah sie entweder vor einiger Zeit in deinem eigenen Leben oder noch früher im Leben eines deiner Vorfahren. Diese Aufnahmen, das heißt, die Eindrücke schlimmer Gedanken auf den Körper, geschehen mit der strengsten Genauigkeit und werden ebenso sicher als getreu später wiedergegeben.

Die wenigsten Menschen sind sich klar darüber, dass sie ständig Gedanken, Stimmungen und Leidenschaften durch ihren Geist ziehen lassen, die Krankheiten zur Folge haben müssen. Jede lieblose Empfindung gegen deinen Nebenmenschen, jeden unharmonischen Gedanken oder Gefühlsausbruch musst du mit körperlicher Verstimmung bezahlen.

Wenn wir erst einmal genug haben, auf diese Weise immerfort körperliche Verstimmung und Krankheit hervorzurufen, dann werden wir jenem Fonografen bloß Gedanken der Harmonie und Gesundheit, der Wahrheit und Schönheit zum Aufnehmen geben.

Jetzt, wo wir endlich wissen, dass alles, was durch unseren Geist zieht, sich irgendwie im Körper ausprägt, sollte es doch nicht mehr schwer sein, eine diesen Gesetzen entsprechende Charakterbildung zu pflegen, umso mehr, als es uns jetzt auch bekannt ist, dass selbst ganz willkürlich und absichtlich gefasste Gedanken den Körper zur Nachbildung und Verwirklichung beeinflussen.

Wenn wir an etwas recht viel denken, so werden wir ihm ganz von selbst immer ähnlicher. Wenn wir unsern Geist auf göttliche Dinge und Eigenschaften sammeln, so wird nicht bloß unser Geist ihnen ähnlich, sondern sie kommen auch an unsrem Körper irgendwie zur Erscheinung. Wie leicht erkennen wir aus einer großen Menge den Geistlichen heraus oder wessen Geist sonst lange auf heiligen Dingen verweilt hat. Der beherrschende Gedanke, der fortwährend im Vordergrund des Geistes steht, prägt sich im Gesicht, in der ganzen Art und überall so deutlich aus, dass wir ihn sofort herausfühlen.

Bist du dir wohl jemals darüber klar geworden, dass man von deinem Gesicht und von deiner Art einen Bericht über alle die Gedanken ablesen kann, die seit Jahren durch deinen Geist gezogen sind?

Swedenborg hat dies einmal folgendermaßen ausgedrückt: „Ein jeder Mensch schreibt sein Leben in seinem Körper nieder, und die Engel lesen diese Lebensbeschreibung aus seinen Geweben."

Deine Habsucht, Rachsucht, Selbstsucht und Eifersucht haben ihre Bilder hinterlassen, und wenn du auch denkst, das seien ja nur heimliche Gedanken und Gefühle gewesen, so kann, wer die Kunst versteht, sie doch aus deinem körperlichen Äußeren ablesen.

Wir können in Wirklichkeit nichts von dem verbergen, was in unsrem Geist vorgeht, denn wir strahlen die Wahrheit über unser Selbst beständig aus. Unser Gesicht zeigt die Wunden und Narben, die unsere bösen Gedanken uns geschlagen haben – uns selber, denn sie sind wie jene Wurfgeschosse, die von selbst zurückfliegen und stets den verwunden, der sie ausgesandt hat.

Man kann heute die Gesundheit auf einer ebenso festen und bleibenden Unterlage aufbauen, wie man es mit einem Geschäft tun kann. Richtiges Denken schafft gesundes Leben. Der Körper muss notwendig dem Geist gleichen, da er sein Erzeugnis ist. Wenn wir stets Gedanken der Wahrheit, der Harmonie, der Schönheit und der Liebe denken, prägt sich das in unserem Körper aus, und wenn sich in unserem leiblichen Leben ein Missklang zeigt, kann das nicht aus einem harmonischen Geist stammen.

Es ist bekannt, dass eine kranke Stelle oder eine Entzündung irgend am Körper schlimmer wird, wenn man die Gedanken ständig darauf gerichtet hält.

Der Weg zu einer vollen Gesundheit führt durch das stetige Denken an Kraft und Gesundheit. Aber die meisten machen es sich selbst unmöglich, gesund zu werden oder es zu bleiben, weil sie mit ihren Gedanken und Vorstellungen immer bei ihrer Krankheit verweilen und es so versäumen, das Muster zu schaffen, nach dem sich der Körper selbst erneuern kann.

Bemühe dich, dir immerfort vor Augen zu halten, dass Gesundheit und Harmonie nicht irgendwo in der Ferne liegen, sondern ganz nah bei dir, nämlich in dir selber. Wenn du diese Gegenwart als wirkliche Tatsache erkennst und anerkennst, so wird dir das in Bezug auf die Gesundheit mehr helfen als alles andere.

Ein gesunder Körper besteht aus gesunden Gedanken, die sichtbar geworden sind. Solange du das Ideal der Jugend, der Gesundheit und der schöpferischen Kraft in deinem Geist hegst, solange wird dein Körper sich genau nach diesem Ideal bilden.

Mache nur einmal den Versuch und denke dich als ganz vollkommenes Wesen mit kräftiger Gesundheit, einem tadellosen Körper, mit schöpferischem Geist und stärkster Widerstandskraft. Lass dir niemals einfallen, dich als mangelhaft und unvollkommen zu denken, sonst wird dein Körper sofort beginnen, dieses schlechte Muster nachzubilden, denn das Ideal von Gesundheit oder Krankheit, das in deinem Geist lebt, ist das Muster, nach dem deine Gewebe sich weben.

Unsere Ideale und Gedanken, Gefühle und Stimmungen senden ständig eine ununterbrochene Reihe von Schwingungen durch alle Zellen und damit durch alle Vorgänge unseres Körpers.

Wenn wir einen langen Balken an einem Ende mit dem Nagel kratzen, so pflanzen sich die Schallwellen durch die ganze Länge des Holzes fort; jede Zelle fühlt die Schwingung und gibt sie weiter. Ebenso macht sich jeder Gedanke, jede Gemütsbewegung und jede Regung von Furcht, Sorge, Neid oder Hass in jeder Zelle des Körpers fühlbar und beeinflusst sie je nach ihrer Eigenart. Ein froher und erhebender Gedanke sendet seine Botschaft der Heilung blitzschnell

bis in die entferntesten Zellen des Körpers, und ebenso geht
von jeder unharmonischen Stimmung oder von jedem neidischen, gehässigen oder selbstsüchtigen Gedanken eine gif-
tige Ansteckung durch alle die Milliarden von Zellen.

Es ist heute wissenschaftlich festgestellt, dass schlechte
Gedanken, heftige Gemütsbewegungen und wilde Leidenschaften chemische Veränderungen im Gehirn hervorrufen
und das Zellenleben im ganzen Körper vergiften. Wir fangen
an zu verstehen, dass die Zellen des Magens und aller anderen Teile des Körpers eine Art verlängertes Gehirn sind
und deshalb von allem, was im Gehirn vorgeht, stark beeinflusst werden. Deshalb werden alle Vorgänge im Körper gestört, wenn eine Störung im Geist eintritt.

Es ist wirklich ein Unglück zu nennen, dass bei den meisten Menschen die Überzeugung so fest sitzt, der Geist sei
auf die Gehirnzellen beschränkt. Es ist vielmehr so gut wie
sicher, dass den Zellen des Körpers geistige Fähigkeiten in-
newohnen, und es sind Versuche gemacht worden, die dies
deutlich zeigen. Schneiden wir ein Stück vom menschlichen
Körpergewebe ab, das bekanntlich aus lauter einzelnen Zellen besteht, und bringen es unter dem Mikroskop mit etwas
Nitroglyzerin zusammen, so ziehen sich die Zellen so weit
als möglich von diesem giftigen Stoff zurück, weil sie ihn
offenbar als einen gefährlichen Feind ansehen. Bringen wir
sie dagegen mit einem ganz harmlosen Stoff, wie etwa spa-
nischem Pfeffer, zusammen, so nähern sie sich ihm und zeigen an, dass er ihnen angenehm ist. Opium wirkt beispielsweise auf sie ganz wie auf den Geist und schläfert ihre Le-
benstätigkeit ein.

Wir finden dieses Vermögen, Stoffe auszuwählen, schon
bei den niedersten Formen des Lebens, wie bei der Amöbe,
die nur aus einer einzigen Zelle besteht; obwohl in ihr nicht
der geringste Ansatz eines Gehirns vorhanden ist, erkennt

diese Zelle doch ihre Feinde, versucht, ihnen zu entfliehen und sich zu verbergen.

Der ganze Körper ist bekanntlich eine Versammlung von Zellen, und wenn einige von ihnen erkrankt oder irgendwie in Unordnung sind, so antworten sie sofort auf die richtige geistige Behandlung. Das ist nur deshalb möglich, weil sie selbst etwas Geistiges an sich haben. Das Zusammenwirken der geistigen Tätigkeiten dieser Zellen mit denen der Gehirnzellen vermag nun jede Gruppe von Zellen im Körper zu beeinflussen, wenn sie erkrankt oder gealtert sind.

Der Geist ist deswegen der große Heiler und Wiederhersteller der Zellen, weil er ursprünglich ihr Schöpfer ist. Das Geistige, das in den Zellen lebt und ihnen zugrunde liegt, ist das, was vom Geist bei der Heilung beeinflusst wird.

Leib und Geist sind eines, und unermessliches Unglück ist über die Menschheit gekommen durch die falsche Meinung, sie seien etwas ganz Verschiedenes. Der Geist in uns ist durch die Zellen des ganzen Körpers verteilt; jede hat etwas davon, aber jede ist auf besondere Bedürfnisse eingerichtet, und das Zusammenwirken des in ihnen allen lebenden Geistes bildet unseren Geist. Es ist erwiesen, dass die Gehirnzellen in ganz besonderer Weise dem Geist dienen und geistig sind, aber es ist eine ausgezeichnete Hilfsvorstellung, sich den ganzen Körper als eine Art Gehirn zu denken, als ganz und gar durchwirkt vom göttlichen Geist, der mit jeder Zelle in enger Verbindung steht und sie schafft, erhält, heilt, wiederherstellt und erneuert. Wenn uns erst bewusst wird, dass jede Zelle unseres Körpers etwas Göttliches ist, das mit Gesundheit, Harmonie, Schönheit, Wahrheit und Liebe begabt ist, dann erst wissen wir, was Lebenskraft bedeutet.

Aus dem Umstand, dass du vielleicht ein tüchtiger Esser bist, darfst du keineswegs folgern, dass du auch richtig ernährt bist. Oft leiden infolge einer Vergiftung durch geistige Störungen manche der Gewebe an Unterernährung, obwohl die Menge der dem Körper zugeführten Nahrung groß genug ist, oder der Verdauungssaft ist nicht wirksam genug, was bei Zorn, Eifersucht, Sorge oder Furcht oft vorkommt, und so ist die Verdauung ungenügend.

Manche Menschen vergiften sich durch geistige Einflüsse während des Essens, so dass ihre ganze Verdauung gestört wird. Wenn Zank und Streit, Zorn und Ärger schon zu allen Zeiten gefährlich sind, so sind sie es ganz besonders während des Essens. Deshalb nimm deinen Ärger und was dich verstimmt, niemals zu Tisch mit, denn nichts schadet deinem Körper mehr, als wenn du während des Essens und der darauf folgenden Verdauung nicht in vollkommener Harmonie bist.

Wer immer sich sorgt, wer immer unter dem Einfluss der Furcht steht oder von Ausbrüchen der Leidenschaft heimgesucht wird, der ist ja oft nur ein halber Mensch, was die Gesundheit betrifft – schon allein, weil er seine Verdauung aufs Schlimmste schädigt. Es ist wohl der Mühe wert, dass du ernstlich den Versuch machst, dich vor dem Essen und vor dem Schlafengehen vollkommen heiter und harmonisch zu stimmen. Die Verdauungseinrichtungen sind so eng mit dem Gehirn verbunden, dass ein plötzlicher Schrecken, ein Brief oder Telegramm sie plötzlich fast völlig zum Stillstand bringen können.

Viele Ärzte geben heute bereits zu, dass Verdauungsschwäche eigentlich eine Krankheit des Geistes ist, die mit geistigen Mitteln gehoben werden kann und muss, nämlich mit der Bildung von heiteren, harmonischen und wohltuenden Gedanken.

Auch der Blutkreislauf wird stark durch niedergeschlagene und mutlose Gedanken beeinflusst. Viele Menschen empfinden nach einem Anfall von Eifersucht oder Furcht das Gefühl von Kälte oder bekommen Kopfweh. Manche haben sogar als Folge von häufigen Zornesausbrüchen beständiges Kopfweh.

Es ist ein trauriger Anblick, zu sehen, wie viel Hoffnung, Glück und hohes Streben zerstört ist, wenn ein Sturm wilder Leidenschaft durch den Geist gebraust hat. Wir lernen auf dem Gebiet des Körperlichen sehr früh, dass Heißes brennt, Scharfes schneidet, Giftiges krank macht und dass man die Berührung mit Derartigem vermeiden muss.

Schon das gebrannte Kind scheut das Feuer; aber auf dem geistigen Gebiet verbrennen, schneiden und vergiften wir uns als Erwachsene noch ständig durch schädliche Gedanken, Stimmungen und Leidenschaften und haben noch immer nicht gelernt, den schädlichen Dingen aus dem Wege zu gehen!

Wenn die Harmonie unseres Geistes gestört ist, wenn wir mutlos oder trübselig gestimmt sind, so sind wir für alle Krankheiten empfänglicher, denn unsere Körperzellen sind durch chemische Veränderungen, durch mangelhafte Ernährung oder Verdauung oder durch geistige Selbstvergiftung widerstandsunfähig gemacht.

Wir müssen einsehen, dass solche Stimmungen und Leidenschaften schwächend und herabziehend wirken, dass sie nicht bloß im Gebiet des Geistes ihren Schaden anrichten, sondern dass auch der Körper unter ihren Folgen in Gestalt von Krankheit, Schmerz, Hässlichkeit und Entstellung leidet. Dann werden wir sie ebenso mit aller Kraft zu vermeiden versuchen, wie wir uns von der Pest fernhalten.

Es gibt ärztlich bezeugte Fälle, dass Menschen, die dauernd krank waren, durch eine frohe Nachricht plötzlich geheilt wurden. Wodurch wurde aber die Gesundung bewirkt, als nur durch Gedanken?

Es ist bekannt, dass manche Soldaten in der Schlacht recht schwer verwundet wurden, aber in der Hektik des Kampfes gar nichts davon merkten, bis sie etwa das Blut an sich sahen oder sie jemand darauf aufmerksam machte. Dann aber brachen sie plötzlich zusammen.

Ein Jäger ist manchmal so erschöpft von den Anstrengungen eines ganzen ergebnislosen Tages, dass er kaum noch einen Fuß vor den anderen setzen kann. Entdeckt er nun aber plötzlich das langgesuchte Wild, dann vergisst er Hunger und Müdigkeit und ist vollkommen frisch und leistungsfähig für viele Stunden. Auch hier ist eine Veränderung im Geiste der Grund für die Veränderung im Körper.

Was den Geist erfrischt, ist auch zugleich ein Stärkungsmittel für den Körper; dahin gehören vor allem erhebende, begeisternde, frohe und hoffnungsvolle Gedanken.

Wie kann dein Körper widerstandskräftig gegen Krankheiten sein, wenn du ständig seine Schwäche zugibst? Wie kannst du nur erwarten, dass in deinem Körper Harmonie herrscht, wenn dein Geist voller Missklänge ist? Gib niemals der Überzeugung Raum, du seiest nicht vollkommen Herr über dich selbst. Bejahe recht kräftig deine Überlegenheit über alle körperlichen Übel und gib niemals zu, dass du der Sklave einer Macht bist, die weit unter deiner geistigen Kraft steht.

Durch nichts wird die Entwicklung einer Krankheit so gefördert, als wenn wir unsere Lebenskraft herabsetzen, indem wir ständig an genau das denken, was wir fürchten, und ängstlich auf jedes Zeichen achten, das seine Gegenwart anzeigen könnte. Diese beständige Erwartung von etwas Schädlichem hat einen entsetzlich schlimmen Einfluss, denn sie tötet unsere Hoffnung und unseren Mut, durch die wir doch eigentlich leben, und verschüttet die Quellen des Lebens und der Lebenskraft. Man stelle sich zum Beispiel vor, wie es auf einen dafür empfänglichen Menschen wirken muss, wenn er durch Jahre die Überzeugung mit sich herumträgt, dass er infolge von Vererbung den Keim einer Krankheit in sich trage, an der er schließlich sterben werde!

Wenn ein Arzt so taktlos ist, einem Kranken zu sagen, wie schlimm es mit ihm steht, so folgen oft ein plötzlicher Niedergang aller Kräfte und ein förmlicher Zusammenbruch, denn unter dem Einfluss von Furcht und Schrecken sterben die roten Blutkörperchen massenhaft ab. Tausende Kranke sind durch solche rohe Aufrichtigkeit geradezu getötet worden, die durch verständige Ermutigung wieder gesundet wären. Hoffnung und Freude helfen besser als alle Arzneien, und solange der Mut und die Hoffnung des Kranken aufrecht erhalten bleiben, ist die Gefahr noch gering, weil ihr Einfluss günstig auf alle Vorgänge im Körper wirkt. Das weiß jeder Arzt. Der bloße Glaube an einen berühmten Arzt oder an ein in weiten Kreisen geschätztes Mittel wirkt oft auf die chemischen Vorgänge des Körpers so stark, dass heilende und neuschaffende Kräfte in Wirksamkeit treten, die der ganzen Sache eine andere Wendung geben – und das geschieht oft schon, ehe das Mittel überhaupt genommen wird, oder unmittelbar, nachdem der Kranke es genommen hat, wo es eigentlich noch gar nicht wirken kann, woraus man wieder ersieht, dass die Hoffnung und der Glaube allein die Sache gemacht haben.

Sichere Erwartung, fester Glaube, eine günstige Veränderung der geistigen Haltung – das sind die Kräfte, die den Körper heilen und den Charakter ändern.

Der Glaube hat zu allen Zeiten die größten Wunder gewirkt und hat Tausenden von vollkommen wertlosen Heilmitteln Heilkraft verliehen. Man braucht nur an die wirklich wunderbaren Heilkräfte zu denken, die der Glaube frommer Pilger zu berühmten Heiligtümern oder zu heilenden Wassern wirkt, heißen sie nun Ganges, Jordan oder Lourdes. Diese armen Betrogenen sehen nicht ein, dass die Dinge, zu denen sie wallfahrten, keine Heilkraft haben, dass sie selbst aber die Heilkraft in ihrem Innern tragen und sie ebenso gut zu Hause hätten in Wirksamkeit setzen können.

Auch der äußere Erfolg in einer Sache, besonders wenn er nach langen Enttäuschungen und häufigen Misserfolgen eintritt, ist ein wunderbares Stärkungsmittel für den Körper. Aber auch das Umgekehrte trifft leider zu; ein unerwarteter Misserfolg, Unglücksfälle, schwere Sorgen und Entmutigung haben oft genug Wohlbefinden und Gesundheit stark geschwächt oder ganz zerstört.

Das Körperliche ist eben nur die äußere Darstellung des Geistigen, der Stand unsrer Gesundheit ist nichts anderes als die Verwirklichung unsrer Gedanken. Es wird nicht mehr lange dauern, bis das geistige Heilverfahren als eine wirkliche Wissenschaft, ja als viel wissenschaftlicher wie unser heutiges Heilverfahren anerkannt ist.

Seit Jahrtausenden sucht der Mensch Heilkräfte in Stoffen aus dem Stein- und Pflanzenreich, während er, ohne es zu ahnen, das Allheilmittel in sich selber trägt; in seinem Geist und in den Tiefen seines Wesens. Seit Jahren aber beobachten wir ein ständiges und zunehmendes Nachlassen in der Anwendung von Arzneimitteln; in einer unserer größten Städte um über die Hälfte. Doktor F. S. Jones von der Universität Boston sagt im „American Journals of Clinical Medicine": „Wenn die Ärzte nicht bald ganz oder teilweise zu dem geistigen Heilverfahren übergehen, werden sie in zwanzig Jahre brotlos sein." Ein bekannter Nervenarzt empfiehlt seinen Kranken, sie sollen ihre Muskeln und Nerven jeden Tag eine bestimmte Zeit lang völlig in Ruhezustand versetzen und sich vorstellen, ein kräftiger Lebensstrom fließe durch ihren ganzen Körper.

Man sieht, wie heute mehr und mehr das geistige Heilverfahren in streng wissenschaftlichem Sinne verstanden und angewandt wird. Man erkennt, dass nicht die Arznei, sondern dieselbe Kraft, die uns geschaffen hat, uns auch heilt und wiederherstellt, dass die Heilung des Körpers dadurch bewirkt wird, indem man den Kranken mit der großen Quelle der allgemeinen Energie in Verbindung setzt und in den großen elektrischen Strom des Lebens einschaltet. Der Arzt der Zukunft wird ein Mensch sein, der es versteht, dem Leidenden die Verbindung mit Gott wiederzugeben, die er verloren hat, und dann wird man kein anderes Heilmittel mehr gebrauchen.

Die Liebe ist das Grundgesetz unseres Wesens, und jede Abweichung davon muss eine Störung unserer körperlichen Gesundheit zur Folge haben, weil sie dieses Gesetz verletzt.

Jeder Mensch kann sich von seinen Todfeinden, den gefährlichen Gedanken, befreien, wenn er sich nur Mühe gibt. Es ist gar nicht schwer, solche vergiftenden Gedanken aus dem Geist hinauszubringen oder nicht einzulassen. Man braucht nur eines zu tun: Man muss die entgegengesetzten Gedanken aufrufen; diese sind das unfehlbare Gegenmittel. Missklang kann nicht dauern, wo Harmonie ist. Die Gedanken des Wohlwollens und der Liebe vernichten die Gedanken der Eifersucht, des Hasses und der Rachsucht schnell. Wenn wir unsern Geist zu frohen und wohlgefälligen Bildern zwingen, müssen die düsteren und trüben Gedanken ausziehen.

Wenn wir einmal gelernt haben, alle diese Feinde unserer Gesundheit zu verjagen, die unser Blut und unsere Säfte vergiften, wenn wir es verstehen, unsere Einbildungskraft, unsere Gedanken und unsere Ideale rein und hell zu erhalten, wenn wir erst erkennen, mit welch einer Kraft eine hohe

Lebensaufgabe unser Leben in Ordnung bringt und reinigt, dann erst wissen wir, was Leben heißt.

Wenn wir imstande sind, die Gedanken des Hasses, der Eifersucht, des Neides und der Rachsucht durch das Gegenmittel der Gedanken des Wohlwollens und der Liebe zu eliminieren, wenn wir das Geheimnis kennen, sämtliche Gedankenmissklänge durch den Harmoniegedanken aufzulösen, wenn wir wissen, welch unermessliche Lebenskraft uns zur Verfügung steht, wenn wir die richtige geistige Haltung einnehmen, dann wird der Fortschritt der Menschheit schnell und sicher sein.

*Verschuldete Pein
gedenket stets Dein
und tut irgendwann
ein Gleiches Dir an.*

288 Seiten
illustriert
€ 11,95

Als Junge war der alte Totengräber ein fanatischer Schmetterlingssamm-
ler. Er jagte die Tiere, um sie zu präparieren. Immer wieder erschien ihm
ein Falter mit goldenen Flügelrändern, die im Dunkeln hell leuchteten. Die
vergebliche Jagd nach diesem Schmetterling trieb den Jungen an den
Rand des Wahnsinns. – Als er nach einem entsetzlichen Unfall das Bewusstsein wiedererlangte, hatte sein Körper keine menschliche Gestalt
mehr. Er erkannte, dass niemand anders als er selbst es gewesen war,
den er verfolgt hatte und vor dem er nun fliehen musste. Tröstlich war, dass
er jetzt fliegen konnte mit seinen goldumrandeten Flügeln …

ÜBERALL IM BUCHHANDEL
ISBN 978-3-945976-01-2
auch als eBook erhältlich